Rezepte, Texte und Fotos
von
Aurélie Bastian

pour ma petite brioche, Léandre

Bassermann Inspiration

Inhalt

Wenn Sie mehr über mich und meine Rezepte wissen möchten, besuchen Sie mich doch auf meinem Blog unter www.franzoesischkochen.de

À table,

Als Französin, die nach Deutschland ausgewandert ist, koche ich zu Hause fast ausschließlich französische Rezepte. Für meine Familie ist das sehr wichtig, denn das Essen und der französische Geschmack sind Bestandteile unserer Identität.

Die französische Küche ist für mich nicht festgelegt. Ich muss mit den Produkten, die verfügbar sind, improvisieren. Beim Einkaufen ist mir schnell aufgefallen, dass es in Deutschland viele Produkte nicht gibt, wie den Fromage blanc, eine Art cremiger Quark, das Enten-Confit und verschiedene Fleischterrinen.

In der Anfangszeit schickte mir meine Maman Pakete mit den fehlenden Produkten. Dann habe ich mir vorgenommen, sie selber zu machen. Es war sehr schwierig, die einfachste Methode zu finden und diese zu verfeinern, aber es hat Spaß gemacht. Ich habe viel Zeit damit verbracht, die deutschen Entsprechungen von französischen Produkten zu finden.

Von meiner Mémé in Frankreich habe ich niemals Rezepte bekommen, aber ich wusste, wie es schmecken sollte. Also machte ich ein Experiment nach dem anderen, um den richtigen Geschmack zu treffen, zwischendurch noch ein Telefonat mit meiner Maman, um die besonderen Geheimzutaten herauszufinden. Und heute? Ich habe meiner Mémés unvergleichliche Kochkünste nicht erreicht, aber ich habe sehr leckere Rezepte und Geschmackserlebnisse für meine Familie und besonders für meinen Sohn kreiert.

Für ihn koche ich sogar Rezepte, die ich in Frankreich nicht zubereitet habe. Klassiker wie Choucroute oder Cassoulet werden zwischen den traditionellen Gerichten Coq au vin und Blanquette de veau eingeplant. Er hat auch schon seine Präferenzen: Gougère aux épinards, Accras de morue, Hühnchen mit Cidre und alle Fischgerichte.

... c'est prêt!

Vor sechs Jahren, als ich mir zum Ziel gesetzt hatte, die alltägliche französische Küche in meinem Blog zu behandeln, wollte ich zeigen, dass man mit wenigen Zutaten und einfachen Schritten (sonst wird es nur ein einziges Mal gemacht) vorzügliche Gerichte zubereiten kann. Mit diesem Buch nun möchte Ihnen diesen Weg erleichtern und meine gesammelten Erfahrungen mit Ihnen teilen. Ob es sich um die Zubereitung von Fleisch, Fisch oder Geflügel handelt, um das Backen von Baguettes oder die Herstellung leckerer Desserts, hier finden Sie meine französischen Lieblingsrezepte.

Ich koche mit viel Phantasie und Liebe, um meiner Familie und meinen Freunden eine Freude zu bereiten. Und natürlich freue ich mich sehr, wenn mein Sohn zu mir sagt: «Maman, es schmeckt so, als wenn ganz viel Liebe drin wär!»

Bekanntermaßen geht Liebe durch den Magen und so hoffe ich, Sie werden genauso viel Spaß beim Zubereiten und Genießen haben, wie ich beim Kochen, Fotografieren und Verspeisen – zusammen mit meinem Léandre – hatte.

On mange! Bon appétit bien sûr!

Amicalement

Aurélie

BOULANGERIE
LIPOUZEREZH BREIZH
SPÉCIALITÉS BRETONNES
kougn-amann kougn-amann
gwestell-amann gâteaux bretons
farz fars
riz-forn riz au four
krampouezh crêpes
chouchenn chouchenn
sistr cidre
bier breizh bières bretonnes
avaleg pommeau
lambig eau de vie
STAL VOUED ALIMENTATION
À EMPORTER
CAFÉ long ou court → 1,30
CAFÉ CRÈME → 1,50
THÉ → 1,70
CHOCOLAT → 2,00
SANDWICHS
PANINI
BOISSONS
OUVERT

Les Entrées

VORSPEISEN

Tapenade & Caviar d'aubergines

OLIVENPASTE & AUBERGINENKAVIAR

Zu diesem Apéritif gehören ein ganz kalter Roséwein, Baguettestückchen, mit Olivenöl und Knoblauch eingerieben, und verschiedene Brotaufstriche.

FÜR DIE TAPENADE

- *8 eingelegte Sardellenfilets*
- *200 g schwarze oder grüne Oliven ohne Stein*
- *40 g Kapern*
- *150 ml Olivenöl*
- *Saft von ½ Zitrone*

FÜR DEN AUBERGINENKAVIAR

- *1 Aubergine*
- *1 große Knoblauchzehe*
- *1 TL Kümmel*
- *Salz und Peffer*
- *100 ml Olivenöl*
- *Saft von ½ Zitrone*

FÜR 6 PERSONEN
BACKZEIT AUBERGINE: 45 MINUTEN

Tapenade wird üblicherweise aus schwarzen Oliven gemacht, aber die grüne schmeckt fruchtiger. Dazu gibt es noch einen Auberginenkaviar, mit oder ohne Kümmel, aber mit viel Zitrone.

Tapenade

- Die Sardellenfilets kurz unter Wasser abspülen, um überschüssiges Öl und Salz zu entfernen.

- Oliven, Kapern und Sardellenfilets in eine Schüssel geben und pürieren. Jetzt noch das Öl und den Zitronensaft dazugeben und 2 Minuten lang fein pürieren. Kein Salz zufügen, da die Sardellenfilets salzig genug sind.

Auberginenkaviar

- Für die Auberginenpaste den Backofen auf 180 °C Ober- und Unterhitze (Umluft 160 °C) vorheizen. Die Aubergine halbieren und das Gemüsefleisch (das helle Innere) quadratisch einschneiden (Achtung, die Haut muss dabei ganz und dicht bleiben!).

- Den Knoblauch in feine Streifen schneiden und in die Schnittflächen reindrücken. Jetzt noch mit Kümmel und Salz bestreuen und reichlich mit Olivenöl übergießen. Die Auberginenhälften auf ein Backblech legen und für 45 Minuten in den Backofen schieben (mittlere Schiene).

- Das Auberginenfleisch aus der Haut kratzen, mit einer Gabel zerdrücken und mit Zitronensaft, Salz und Pfeffer abschmecken.

Fougasse

PROVENZALISCHES FREUNDSCHAFTSBROT

Es kommen unerwartet Freunde zu Besuch und ich muss ganz schnell irgendwas zaubern. Da backe ich eine Fougasse mit Oliven und Speck oder mit eingelegten getrockneten Tomaten. Dazu Roséwein oder Pastis (Anisschnaps) – und wir haben einen Apéritif wie in Frankreich.

FÜR DIE FOUGASSE

- *1 Würfel frische Hefe*
- *300 ml lauwarmes Wasser*
- *50 ml + 10 ml Olivenöl*
- *3 EL Honig*
- *1 EL Thymianblättchen*
- *1 EL Rosmarinnadeln*
- *500 g Mehl Type 405*
- *1 EL Salz*
- *150 g grüne Oliven*
- *Fleur de Sel*

FÜR 1 BROT
BACKZEIT: 35–40 MINUTEN

Dieses Brot ist auch ein absolutes Muss für alle Picknick- und Grillabende bei uns zu Hause. Dazu werden Tapenade oder andere Brotaufstriche serviert. Es schmeckt nach Urlaub und Südfrankreich!

- Den Würfel Hefe im lauwarmen Wasser zerbröseln und lösen. Dazu kommen noch 50 ml Olivenöl, der Honig und die Kräuter. Das Mehl mit Salz mischen. Die Flüssigkeit in das Mehl gießen und alles mit den Händen zusammenkneten. Wenn der Teig schön klebrig ist, kommen die Oliven dazu.

- Den Teig auf einem mit Backpapier belegten Backblech ausbreiten, mit dem Rest Olivenöl bepinseln und mit etwas Fleur de Sel bestreuen. Das Brot in den kalten Backofen schieben. Unten ein Blech oder eine Schüssel mit 1 Liter Wasser platzieren und dann das Brot für 35–40 Minuten bei 200–205 °C Umluft (!) backen. Wenn Sie aus dem Teig 2 kleinere Brote backen, verkürzt sich die Backzeit um ca. 5 Minuten.

Rillettes de canard

ENTENFLEISCH IN SCHMALZ

Diesen kleinen Brotaufstrich habe ich mir immer von meiner Maman zuschicken lassen, bis ich endlich gelernt hatte, wie einfach es ist, ihn selber zu machen. Jetzt wird er oft bei uns zubereitet, in unendlichen Variationen: mit Knoblauch, Garam Masala, Zimt, Thymian, Armagnac … ob mit oder ohne Hochprozentigem: Rillettes de canard passt perfekt zum Apéritif und für ein Picknick.

Zur Verfeinerung können Sie auch eine kleine Knoblauchzehe oder Zwiebel für die Backzeit in die Auflaufform geben und anschließend entfernen.

- Den Backofen auf 170 °C Ober- und Unterhitze vorheizen. Die Entenschenkel aus dem Confit von Fett und Knochen befreien und das Fleisch «zerbröseln» (ich meine damit: die Fasern auseinanderziehen). Das Fleisch mit Schmalz, Wein, Lorbeer, Rosmarin, Nelke, Salz und Pfeffer mischen und in eine Auflaufform geben. Das Ganze für 10 Minuten auf der mittleren Schiene backen.

- Direkt nach der Backzeit das Lorbeerblatt und die Nelke rausfischen, das Fleisch mit dem Saft in kleine Einmachgläser füllen und luftdicht verschließen. Abkühlen lassen und eine Nacht im Kühlschrank ruhen lassen.

FÜR DIE RILLETTES

- *Enten-Confit (300 g Fleischeinwaage, Fertigprodukt oder von Seite 66)*
- *80 g Entenschmalz*
- *100 ml Weißwein, ich empfehle Müller-Thurgau von der Pfalz*
- *1 kleines Lorbeerblatt*
- *1 TL klein gehackte Rosmarinnadeln*
- *1 Nelke*
- *Salz und Pfeffer*

AUSSERDEM

- *Auflaufform*
- *Einmachgläser*

FÜR CA. 440 ML
BACKZEIT: 10 MINUTEN
KÜHLZEIT: ÜBER NACHT

Ma baguette magique

FRANZÖSISCHES BAGUETTE

Kein Frühstück, keine Mahlzeit ohne ein Stück Baguette. Als kleines Mädchen durfte ich immer zusammen mit meinem Papa am Sonntag früh Baguette kaufen gehen. Auf dem Rückweg aß ich den «croûton» (Kanten) und ein bisschen von der weichen Krume. Zu Hause wunderte sich immer meine Maman, ob der Bäcker Mäuse hätte!

FÜR DEN TEIG

- *500 g Mehl Type 550*
- *12 g Salz*
- *1 Würfel frische Hefe*
- *320 g lauwarmes Wasser*

FÜR 3 BAGUETTES
GEHZEITEN:
5 X 20 MINUTEN
BACKZEIT: 20 MINUTEN
FOTO AUF SEITE 16

Dieses Rezept habe ich entwickelt, um wieder das Baguette, das ich aus Frankreich kenne, zu bekommen. Und trotz einiger »Bastel»- und Faltarbeiten ist es eines der beliebtesten meines Blogs.

- Das Mehl mit dem Salz gut verrühren, sodass das Salz gleichmäßig verteilt wird.

- Die Hefe in das Wasser krümeln, das Ganze umrühren, bis sich die Hefe vollständig aufgelöst hat. Jetzt das Hefe-Wasser mit dem Mehl zusammenrühren, bis sich der Teig zu einer Kugel formen lässt (Bild 1).

- Die Teigkugel in eine große Schüssel legen, leicht mit Mehl bestreuen, mit einem feuchten Tuch abdecken und 20 Minuten an einem warmen Ort (zum Beispiel auf einem Schrank) gehen lassen (Bild 2).

- Danach wird der Teig innerhalb 1 Stunde 3-mal wie beschrieben zusammengefaltet:
  - Den Teig auf den Arbeitsplatz legen (Bild 3), leicht andrücken und grob zum Viereck ausbreiten.
  - Dann eine Ecke nach der anderen zur Mitte falten (Bilder 4, 5, 6 und 7).
  - Dann den Teig umdrehen, wieder in die Schüssel legen, mit einem feuchten Tuch abdecken und an einem warmen Ort 20 Minuten ruhen lassen. Diesen Vorgang noch 2-mal wiederholen.

weiter geht es auf Seite 21 …

1

2

3

4

5

6

7

8

9

10

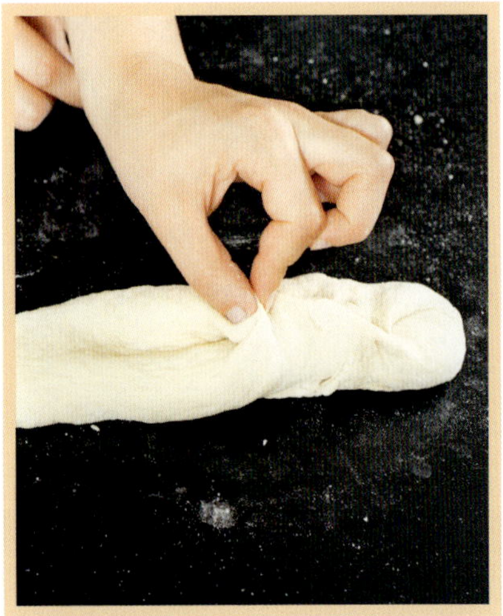
11

12

13

14

15

16

Ma baguette magique

... Fortsetzung von Seite 18

- Jetzt ist der Teig schön luftig und kann zum Baguette verarbeitet werden. Diese Etappe heißt «le façonnage»:
  - Den Teig in 3 Teile schneiden und jedes Teil rund formen (Bild 8).
  - Den Teig leicht andrücken (Bild 9) und vorsichtig in die Länge ausbreiten (Bild 10).
  - Dann werden die beiden länglichen Außenseiten des Teigs zur Mitte gebracht und zusammengedreht (Bild 11), ein bisschen so, als würde man einen Knopf eindrehen (Bild 12).
  - Nun wird etwas mehr vom Teig gegriffen, beide Seiten zusammengepresst und ebenfalls zusammengedreht (Bilder 13 und 14). Dies wird Stück für Stück wiederholt, bis man die ganze Länge des Baguettes «verschlossen» hat.

- Jetzt wird der Teig eingerollt und erhält seine spezifische Baguetteform (Bild 15). Er wird aber mit Gefühl und sanft geformt, denn wenn Sie ihn zu kräftig bearbeiten, drücken Sie die Luft raus und Ihr Baguette wird nicht die typische luftige Konsistenz, sondern eine festere Krume bekommen.

- Die geformten Baguettes mit einem scharfen Messer anschneiden (Bild 16) und noch 15–20 Minuten ruhen lassen. Sie können dabei beobachten, wie luftig der Teig wird und wie er sich ausdehnt (ebenfalls Bild 16). Den Backofen auf 220 bis max. 240 °C Umluft vorheizen und eine Schale oder ein Blech mit ca. 800 ml Wasser unten in den Ofen stellen (das Wasser hilft, außen eine schöne Kruste und innen einen weichen Kern zu bekommen).

- Die Baguettes auf ein mit Backpapier belegtes Backblech oder ein spezielles Baguette-Backblech legen und leicht mit Wasser befeuchten. Dafür mache ich mir immer die Hände nass und streichle die Baguettes. Wenn Sie mögen, können Sie noch ein klein bisschen Mehl aufstreuen. Die Baguettes im vorgeheizten Backofen 20 Minuten backen.

Terrine de courgettes

ZIEGENKÄSE-TERRINE MIT FEIGE, NUSS UND ZUCCHINI

Ich liebe es, meinen Gästen diese kleinen Terrinen zu servieren. Sie sind frisch, leicht, sehen wahnsinnig gut aus und beeindrucken alle Gäste. Damit werden Sie bestimmt bei Ihrer Schwiegermaman punkten.

FÜR DIE TERRINEN

- *2 EL Petersilie*
- *2 EL Basilikum*
- *2 EL Pfefferminzblättchen*
- *1–2 Prisen Piment d'Espelette (ein fruchtig-aromatisches Chilipulver)*
- *Salz und Pfeffer*
- *250 g weicher Ziegenkäse*
- *60 g Pistazien*
- *100 g Soft-Feigen*
- *1 Zucchini*

FÜR DIE VINAIGRETTE

- *1 EL Dijon-Senf*
- *4 EL Essig*
- *3 EL Olivenöl*
- *Salz und Pfeffer*

AUSSERDEM

- *4 Terrinenförmchen*

FÜR 4 PERSONEN
RUHEZEIT: 10 MINUTEN

Als ganz kleines «amuse bouche» kann man die Terrine auch mit frischer Gurke zubereiten.

- Die Kräuter klein schneiden und mit Piment d'Espelette, Salz und Pfeffer in den Ziegenkäse einarbeiten. Die Pistazien und Feigen klein hacken.

- Die Zucchini mit dem Sparschäler der Länge nach in dünne Scheiben schneiden (wie breite Bandnudeln). Diese 2 Minuten in kochendem Wasser blanchieren, mit kaltem Wasser abschrecken, trocken tupfen. Die Terrinenformen damit auskleiden.

- Die Käsemischung, die Pistazien und die Soft-Feigen in die Formen schichten und das Ganze 10 Minuten ziehen lassen. In der Zwischenzeit die Zutaten für die Vinaigrette kräftig verrühren. Anschließend die kleinen Terrinen auf Teller stürzen und mit etwas Blütensalat (zum Beispiel aus Kapuzinerkresse, Rosen und Gänseblümchen) und Vinaigrette servieren.

Terrine forestière

FLEISCHTERRINE MIT STEINPILZEN

Zum Apéritif, fürs Picknick oder als Vorspeise, diese Terrine passt zu vielen Gelegenheiten. Dazu esse ich sehr gerne kleine saure Gurken und ein bisschen Salat! Frisches Brot und ein Glas Saint-Émilion, und die Welt ist in Ordnung ...

FÜR DIE TERRINE

- *3 EL getrocknete Steinpilze*
- *2 EL klein geschnittene Petersilie*
- *1 gestrichener EL gehackte Rosmarinnadeln*
- *200 g Schweinegulasch*
- *50 g Schweinebauch*
- *200 g Entenbrust (oder Hasenschenkel)*
- *1 Zwiebel*
- *½ Knoblauchzehe*
- *4 EL Portwein*
- *1 Ei*
- *9 g Salz*
- *2 g Pfeffer*
- *1 kleines Lorbeerblatt*

AUSSERDEM

- *Terrinenform*
- *Fleischwolf*

FÜR 5 BIS 6 PERSONEN
BACKZEIT: 35 MINUTEN

Probieren Sie doch das gleiche Rezept auch mal mit Calvados, Armagnac oder gar mit einem Schuss Williams statt des Portweins!

- Die getrockneten Steinpilze mit heißem Wasser bedecken und 5 Minuten ziehen lassen. Dann herausnehmen, ausdrücken und grob schneiden. Petersilie und Rosmarinnadeln ganz fein hacken. Den Ofen auf 190–195 °C Ober- und Unterhitze (Umluft 170–175 °C) vorheizen.

- Das ganze Fleisch grob schneiden und zusammen mit der geschälten Zwiebel durch einen Fleischwolf drehen. Dann die halbe zerdrückte Knoblauchzehe, Petersilie, Rosmarin und Portwein zum Fleisch geben und gut verrühren. Dazu kommen noch Ei, Salz und Pfeffer. Die Masse in eine Terrinenform geben und das Lorbeerblatt auflegen. Die Terrine im Backofen 10 Minuten mit Deckel, dann 25 Minuten ohne Deckel garen. Abkühlen lassen und genießen!

Dieses Rezept können Sie mit verschiedenen Fleischsorten abwandeln – statt des Entenfleisches nehmen Sie einfach das Fleisch einer anderen Tierart, Schweinegulasch und -bauch bleiben. Backzeit: 30 Minuten bei 195 °C Ober- und Unterhitze für 500 g Fleisch.

g/kg Fleisch	Ente	Enten-Confit	Hühnchen	Wildschwein	Hirsch
Salz	18	18	21	19	19
Pfeffer	4	3	4	3	4

LE CREUSET

Soupe à l'oignon

ZWIEBELSUPPE

In der kalten Jahreszeit ist die Soupe à l'oignon eine beliebte Vorspeise, sie gehört dann auch zu einem feierlichen Abend. Ob Hochzeit oder Ball … wir haben sie immer gegen 3 Uhr morgens gaaanz warm gegessen. So aufgeheizt, hat sie uns die Energie gegeben, weitertanzen zu können. Ich bereite sie immer in einem riesigen Kochtopf zu. Wenn wir zu Hause feiern, lass` ich sie köcheln und wir essen sie dann gegen Mitternacht, wenn der kleine Hunger zurückkehrt.

Es ist egal, welche Sorte Zwiebeln Sie nehmen, ob rote oder weiße, das macht keinen Unterschied. Man kann die Suppe auch mit Schalotten machen, diese werden dann etwas süßer schmecken. Als Erwachsenen-Variation mag ich auch 250 ml Weißwein auf 1 Liter Brühe dazugeben. Es sollte ein etwas trockener Weißwein sein oder, falls wir die Suppe sehr spät am Abend zubereiten, nehme ich einen kleinen Schuss Champagner!

FÜR DIE SUPPE

- *3 Zwiebeln*
- *40 g Butter*
- *1 EL Mehl*
- *3–4 EL Portwein (Porto)*
- *1,5 l frische Hühnerbrühe (siehe unten)*
- *Salz und Pfeffer*
- *3 Scheiben Weißbrot*
- *75 g geriebener Käse (ich nehme gern Comté)*

FÜR 1,5 L HÜHNERBRÜHE

- *3 Möhren*
- *1 Stange Porree*
- *1 Navet- oder Mairübchen*
- *1 Nelke*
- *1 Lorbeerblatt*
- *125 g Hähnchenbrustfilet oder 1 Schenkel*
- *Salz und Pfeffer*

FÜR 4 BIS 5 PERSONEN
KOCHZEIT SUPPE: 20 MINUTEN
KOCHZEIT BRÜHE: 20 MINUTEN

- Die Zwiebeln schälen und in große Scheiben schneiden. Die Butter in einer großen Kasserolle (Kochtopf) schmelzen und die Zwiebeln darin golden bräunen. Dann das Mehl daraufstreuen und kurz rühren. Mit Portwein ablöschen und die Brühe dazugeben. Auf schwacher Hitze 20 Minuten köcheln lassen, dann mit Salz und Pfeffer abschmecken.

- In der Zwischenzeit die Brotscheiben im Toaster oder im Backofen hellbraun rösten und in kleine Stückchen schneiden.

- Die Croûtons auf die Suppenschälchen aufteilen und die Suppe daraufgießen. Je nach Vorliebe kann man noch etwas Käse auf die Suppe streuen und 3–5 Minuten im Backofen mit Grill-Funktion knusprig backen.

Meine Hühnerbrühe

- Das Gemüse klein schneiden und alle Zutaten 20 Minuten mit 1,5 Liter Wasser kochen.

Gougères aux épinards

SPINATWINDBEUTEL

Zum Picknick oder als kleines Häppchen ist diese Kleinigkeit der Favorit meines Sohnes. Er mag die Windbeutel sooooo sehr, dass ich sie jetzt sehr oft, in verschiedenen Varianten, zubereite. Mit Käse oder Schinkenspeck als Klassikversion, seine liebste Sorte ist jedoch die mit Spinat, manchmal auch in Kombination mit Lachs. Ich habe sie auch schon mit Feta und Ziegenkäse gemacht, im Herbst mit Kürbispüree. Diesen Frühling gab es eine Variante mit Bärlauch und Frischkäse! Also wie immer: unendlich viele Variationen ...

FÜR DIE WINDBEUTEL

- *100 g Tk-Blattspinat (tiefgefroren ist er am besten, da wird weniger Wasser abgegeben)*
- *100 ml Milch*
- *100 ml Wasser*
- *90 g Butter*
- *100 g Mehl*
- *3 Eier, Größe M*
- *70 g frisch geriebener Emmentaler*
- *Salz und Pfeffer*
- *Muskatnuss*

AUSSERDEM

- *Holzkochlöffel*

FÜR 35-40 GOUGÈRES
BACKZEIT: 35–40 MINUTEN

Falls Sie dieses Rezept mit anderen Gemüsesorten probieren wollen, können Sie einfach die gleiche Menge verwenden, aber immer darauf achten, dass das Gemüse nicht zu viel Wasser enthält. Verwenden Sie z. B. lieber eingelegte getrocknete Tomaten als frische.

- Den Spinat auftauen. Milch und Wasser mit der Butter erhitzen, bis die Butter geschmolzen ist. Dann kommt das Mehl auf einmal dazu und es wird kräftig und fleißig mit einem Holzlöffel gerührt. Es soll sich ein Teigkloß formen.

- Wenn der Teig fest genug ist, kommt er in eine Schüssel. Jetzt mit einem Handrührgerät die Eier, eins nach dem anderen, reinarbeiten, bis der Teig schön cremig ist.

- Der aufgetaute Spinat wird klein geschnitten und in einem Sieb ausgepresst, damit das restliche Wasser abtropft. Dann gehen der Spinat und der Käse in den Teig. Noch ein bisschen Salz und Pfeffer und ein Hauch Muskatnuss zum Würzen.

- Den Backofen auf 195–200 °C Ober- und Unterhitze (175–180 °C Umluft) vorheizen. Die Masse wird auf ein mit Backpapier ausgelegtes Backblech gegeben: Ich platziere den Teig lieber mit einem Spritzbeutel, aber man kann es auch sehr gut mit 2 Esslöffeln machen. Es sollen ungefähr 4 cm große Kugeln werden. Die Gougères dann 35–40 Minuten auf der mittleren Schiene backen.

Soufflé au fromage

KÄSESOUFFLÉ

Ein ganz einfaches Rezept, das ich gern zusammen mit meinem Sohn zubereite. Ich verstecke darin immer Gemüsepürees, zum Beispiel von Broccoli oder Möhren, die ich einfach in den Teig einrühre. Es schmeckt sehr leicht und mein Sohn schafft eine ganze Portion davon.

FÜR DAS SOUFFLÉ

- *40 g Butter*
- *75 g Mehl Type 405*
- *350 ml Milch*
- *Muskatnuss*
- *Salz und Pfeffer*
- *200 g Gruyère*
- *100 g Roquefort*
- *2 Eier + 1 Eiweiß, Größe M*

AUSSERDEM

- *6 Souffléförmchen, 8 cm Durchmesser, 5 cm Höhe*

FÜR 6 PERSONEN
BACKZEIT: 20 MINUTEN

Ganz wichtig: Öffnen Sie NIE die Backofentür während des Backens, sonst fällt das Soufflé zusammen!

- In einer Kasserolle (Kochtopf) die Butter schmelzen, das Mehl dazugeben und einrühren. Die Masse soll schön gelb und fest sein. Dann nach und nach auf mittlerer Hitze und unter ständigem Rühren die Milch hineinrühren, bis sich eine cremige Béchamelsauce bildet. Mit Muskatnuss, Salz und Pfeffer abschmecken, den Topf vom Herd nehmen.

- Den Gruyère reiben, den Roquefort zerkrümeln, die Eier trennen. Die beiden Eigelbe in die Béchamelsauce geben und verrühren. Wenn die Creme gleichmäßig ist, den Käse hineinrühren.

- Den Ofen auf 200 °C Umluft (!) vorheizen. Die 3 Eiweiß zu steifem Schnee schlagen. ⅓ des Schnees mit dem Schneebesen in die Béchamel-Käse-Creme einarbeiten. Wenn die Masse gleichmäßig glatt ist, den Rest Eischnee dazugeben und mit einem Teigschaber vorsichtig unterrühren. Den Teig in kleine Schälchen bis zu ⅔ der Höhe eingießen und die Soufflés 20 Minuten auf der mittleren Schiene backen (falls Sie alles in einer großen Form backen, verlängert sich die Backzeit um 5–7 Minuten). Die Soufflés heiß servieren, dazu passen Salat und kleine gebratene Tomaten mit Sesam und Mohn (siehe Seite 45).

Accras de morue

FRITTIERTE KABELJAU-KRAPFEN

FÜR DEN FISCH

- *350 g Kabeljaufilet*
- *1 Bund Petersilie*
- *1 Ei*
- *1 kleine Zwiebel*
- *1 Knoblauchzehe*
- *½ TL Piment d'Espelette*

FÜR DEN TEIG

- *125 ml Milch*
- *½ Hefewürfel*
- *250 g Mehl + evtl. etwas mehr*
- *1 Ei, Größe M*
- *Salz*
- *Öl zum Frittieren*

FÜR DEN DIP

- *½ frische Mango*
- *3 EL Naturjoghurt*
- *Zitronensaft*
- *1 Schalotte*
- *Salz und Pfeffer*

FÜR 6 BIS 8 PERSONEN
RUHEZEIT: 40 MINUTEN

Zu unseren Lieblingsspeisen gehören auch die kleinen Fisch-Krapfen mit Petersilie. Das Rezept dieser kleinen Köstlichkeiten kommt von den karibischen Inseln – und schmeckt ganz nach fernen Reisen. Ich liebe sie mit Crème fraîche oder Mango-Dip.

- Den Kabeljau mit Petersilie, Ei, Zwiebel, Knoblauchzehe und Piment d'Espelette fein pürieren.

- Für den Teig die Milch leicht erwärmen und die Hefe darin auflösen. Dann mit dem Mehl verrühren, das Ei und eine Prise Salz zugeben. Den Teig mit den Händen kneten, er muss aber klebrig bleiben, dann 40 Minuten ruhen lassen.

- Die Fischmasse in den Teig einarbeiten. Wenn es zu klebrig ist, noch ein bisschen Mehl dazumischen. Das Frittieröl erhitzen. Mit 2 Teelöffeln kleine Kugeln aus der Teigmischung formen und die Accras de morue goldbraun frittieren.

- Mango, Joghurt und Zitronensaft für den Dip pürieren, die klein geschnittene Schalotte zufügen, mit Salz und Pfeffer abschmecken. Die Krapfen mit einem Salat oder frischem Gemüse und Dip als Vorspeise oder kleine Speise servieren.

Les Petits Plats

KLEINE SPEISEN

Salade de chèvre chaud

SALAT MIT ÜBERBACKENEM ZIEGENKÄSE

In Frankreich wird der Käse auf kleinen Baguettescheiben gebacken und serviert. Ich liebe es, wenn der Ziegenkäse schön kräftig und gut gratiniert ist. Dazu noch ein paar Walnüsse und Honig! Das Schwierigste an dem Rezept ist die Sauce: das französische Salatdressing, die Vinaigrette. Jeder hat sein Rezept und sie muss immer schön sauer sein. Also bitte keinen Honig, auch kein Chilipulver, sondern einen prächtigen Essig nehmen!

Für die Vinaigrette sollten es 2 EL Weinessig oder ein anderer Essig auf 3 EL Olivenöl sein. Bei Balsamico-Essig empfehle ich aber 3 EL Essig und 2 EL Olivenöl. Die Sauce ist damit sauer, enthält aber trotzdem die Süße vom Balsamico. Die Sauce wird nur tröpfchenweise über den Salat gegeben und nicht komplett in den Salat gegossen!

- Den Salat putzen und auf 4 Teller verteilen. Die Vinaigrette aus Senf, Olivenöl und Balsamico-Essig, Salz und Pfeffer zubereiten. Den Salat mit der Sauce beträufeln.
- Das Baguette in 8 Scheiben schneiden, die Ziegenkäse horizontal halbieren. Auf jede Scheibe Baguette einen halben Ziegenkäse platzieren. Die belegten Scheiben für 5 Minuten zum Grillen in den Ofen schieben.
- Die Entenbrust in dünne Scheiben schneiden und auf den Tellern anrichten. Die noch heißen Ziegenkäse-Baguettescheiben mit etwas Honig und Walnuss bestreuen und auf dem Salat servieren.

FÜR DEN SALAT

- *1 Kopfsalat*
- *1 TL Dijon- oder körniger Senf*
- *2 EL Olivenöl*
- *3 EL dunkler Balsamico-Essig*
- *Salz und Pfeffer*
- *1 geräucherte Entenbrust oder ca. 120 g geräucherter Schinken*

FÜR DEN KÄSE

- *1 Baguette*
- *4 kleine runde Ziegenkäse*
- *3 EL flüssiger Honig*
- *1 Handvoll Walnüsse*

FÜR 4 PERSONEN

Galettes au sarrasin

DÜNNE BUCHWEIZEN-GALETTES

In der Bretagne habe ich viele Gerichte kennengelernt. Im Allgemeinen mag ich sie sehr, weil sie total einfach sind und sicher gelingen. Dieses Rezept ist und bleibt meine Rettung, wenn ich nichts mehr im Kühlschrank habe und «wieder» keine Zeit zum Einkaufen hatte.

FÜR DEN TEIG

- *200 ml Wasser + 1 gestrichener EL Salz oder einfach 200 ml Sprudelwasser mit Salz*
- *100 g Buchweizenmehl, fein gemahlen*

FÜR DIE FÜLLUNG PRO GALETTE

- *1 Handvoll geriebener Greyerzer Käse*
- *½–1 Scheibe Kochschinken*
- *2 Scheiben Tomaten*
- *1 EL Crème fraîche*

AUSSERDEM

- *Fett für die Pfanne*

FÜR 12–15 GALETTES

Buchweizenmehl habe ich immer auf Vorrat im Schrank und was braucht man noch dazu???? Nur Wasser und Salz oder Sprudelwasser mit ein bisschen Salz! Das hat jeder zu Hause! Die dünnen Galettes sind blitzschnell zubereitet, gebacken und gegessen. Ich garniere sie mit dem, was noch so im Kühlschrank steht. Traditionsgemäß sollten es Crème fraîche, Kochschinken, Tomaten und etwas geriebener Käse sein. In Notzeiten sind es bei uns Frischkäse mit Schinken und Tomate, und falls ich Zeit habe, bereite ich noch eine Béchamel-Sauce zu.

- Das Salzwasser in das Mehl geben und kräftig rühren. Eine Pfanne ganz heiß erhitzen und leicht einfetten. Dann eine Kelle Teig in die Pfanne geben und ganz dünn ausstreichen. Sobald eine Seite gut ist, wird die Galette mit einem Holzlöffel angehoben und gewendet.

- Dann die Galette nach Belieben füllen. Ich gebe Käse, dann Schinken, darauf Tomate und dann Crème fraîche auf die Galette und klappe sie zu. Obendrauf kommt noch etwas geriebener Käse, den ich 3 Minuten unter dem Backofengrill schmelze (nicht gratiniere).

Madame Paul
Parkstraße 14
10115 BERLIN

Tarte flambée

FLAMMKUCHEN

Der Flammkuchen liegt mittlerweile auch in Deutschland als schnelles Essen im Trend. Er ist aber auch sehr einfach zuzubereiten und kann endlos variiert werden.

FÜR DEN TEIG

- *300 g Mehl Type 405*
- *3 EL Öl*
- *1 Prise Salz*

FÜR DEN BELAG

- *2 Zwiebeln*
- *120 g Schinkenspeck*
- *70 g Crème fraîche*
- *70 g Sahnequark*
- *1 Eigelb*
- *Salz und Pfeffer*
- *Muskatnuss*
- *80 g Greyerzer Käse (optional)*

FÜR 1 BACKBLECH
BACKZEIT: 10 MINUTEN

Wir schneiden den Flammkuchen gern in kleine Stückchen, essen ihn mit den Händen und trinken dazu ein Glas kalten Riesling.

- Das Mehl mit dem Öl und dem Salz mischen und mit 5 EL Wasser zu einem Teig verkneten. Falls nötig, noch ein bisschen Wasser dazugeben, bis der Teig schon gleichmäßig und elastisch ist. Den Backofen auf 250 °C Ober- und Unterhitze vorheizen.

- Die Zwiebeln in dünne Scheiben, den Schinkenspeck in kleine Stückchen schneiden. Crème fraîche, Sahnequark, Eigelb, Salz, Pfeffer und Muskatnuss mischen.

- Den Teig ausrollen und auf ein Backblech mit Backpapier legen. Mit der Crème-fraîche-Mischung bestreichen, dann kommen die Zwiebeln und der Schinkenspeck auf den Teig. Jetzt können Sie ihn auch noch mit geriebenem Käse bestreuen. Den Flammkuchen 10 Minuten auf der mittleren Schiene backen, bis er schön kross ist.

Tarte fleur carottes-courgettes

MÖHREN- UND ZUCCHINI-TARTE

«Das Auge isst mit...», und jede Speise sollte mit Liebe gemacht und so auch zur Freude für die Augen werden. Ich habe für meinen Blog dieses Rezept gebacken und bereite es oft zu. Mein Sohn isst die Tarte sehr gern und freut sich immer darauf, die «Blume» essen zu dürfen.

FÜR DEN TEIG

- *1 EL klein gehackte Kräuter (Rosmarin, Thymian)*
- *250 g Mehl*
- *125 g zimmerwarme Butter*
- *1 Ei, Größe M*
- *Salz und Pfeffer*

FÜR DIE CREME

- *4 kleine Möhren*
- *2 kleine Zucchini*
- *300 g griechischer Joghurt*
- *1 EL klein gehackte Kräuter (Oregano, Thymian, Rosmarin)*
- *1 Ei*
- *Salz und Pfeffer*

AUSSERDEM

- *Tarteform, 26 cm Durchmesser*
- *Backpapier*
- *300 g Hülsenfrüchte zum Blindbacken*

FÜR 4 PERSONEN
BACKZEIT: 2 X 10 + 35 MINUTEN

Im Winter habe ich diese Tarte auch schon mit Kürbisstreifen zubereitet. Die Creme war dann mit Kardamom und Zimt aromatisiert.

- Den Backofen auf 180 °C Ober- und Unterhitze vorheizen. Die Kräuter für den Teig klein schneiden und mit allen Zutaten verkneten. Den Teig auf der bemehlten Arbeitsfläche ½–1 cm dick ausrollen, in eine Tarteform geben, andrücken, die Ränder oben abschneiden und den Boden mit der Gabel mehrfach einstechen. Den Teig mit Backpapier bedecken und Hülsenfrüchte zum Blindbacken einfüllen. 10 Minuten backen, aus dem Ofen nehmen, das Backpapier mit den Hülsenfrüchten entfernen und den Teig weitere 10 Minuten backen.

- Die Möhren schälen. Möhren und Zucchini (mit Schale) der Länge nach in dünne lange Scheiben schneiden, das geht am besten mit einem Sparschäler, und zur Seite stellen.

- Eine Creme aus dem griechischen Joghurt, den Kräutern, dem Ei und Salz und Pfeffer zubereiten und auf den gebackenen Boden gießen. Die Gemüsestreifen von innen nach außen auf der Tarte platzieren. Die Tarte im vorgeheizten Ofen bei 180 °C für 35 Minuten auf der mittleren Schiene backen.

Saveur, Douceur & Arôme
CUISINE

Quiche lorraine

LOTHRINGER SPECKKUCHEN

Ich bin in Lothringen geboren und diese Speise ist ein kleiner regionaler Stolz! Das traditionelle Rezept besteht nur aus Schinken und Crème fraîche. Aber ich kann es hier verraten: In Lothringen wird es auch oft mit klein geschnittener Zwiebel und mit ein bisschen Käse zum Überbacken bestreut … einfach lecker. Ich mag es lieber schlicht mit Speck und ein bisschen Zwiebel, aber ohne Käse, da diese Quiche nicht gerade kalorienarm ist! Dazu ein kleiner Salat und das Mittagessen ist fertig.

Als Beilage mag ich karamellisierte Cherrytomaten: 5 EL Zucker bei mittlerer Hitze in der Pfanne schmelzen, ohne zu rühren! Die Pfanne vom Herd nehmen und die kleinen Tomaten in das Karamell eintauchen, direkt danach in Sesam oder Mohn wälzen. Das ist auch eine sehr gute Idee fürs Buffet oder zum Apéritif.

- Den Backofen auf 180 °C Ober- und Unterhitze vorheizen. Alle Zutaten für den Teig zusammenkneten. Falls der Teig ein bisschen zu klebrig wird, noch 1 EL Mehl dazugeben. Den Teig auf einer bemehlten Arbeitsfläche ½ cm dick ausrollen, in eine Tarte- oder Quicheform geben, andrücken, die Ränder oben abschneiden und den Boden mit der Gabel mehrfach einstechen. Den Teig mit Backpapier bedecken und Hülsenfrüchte zum Blindbacken einfüllen. 10 Minuten backen, aus dem Ofen nehmen, das Backpapier mit den Hülsenfrüchten entfernen und den Teig weitere 10 Minuten backen, bis der Boden durchgebacken und bereit für die Füllung ist.

- In den Backzeiten die Creme zubereiten: Den Schinken würfeln, mit der klein geschnittenen Zwiebel kurz anbraten. Crème fraîche, Quark und Milch in einer Schüssel zusammenrühren, bis die Masse homogen ist. Dann kommen die Eier dazu, ein bisschen Salz und Pfeffer sowie Muskatnuss. Als Letztes kommt noch die gebratene Zwiebel mit dem Speck dazu. Den Backofen auf 200 °C hochstellen. Die Füllung in den vorgebackenen Boden gießen und für 35–40 Minuten auf der mittleren Schiene backen.

FÜR DEN MÜRBETEIG (PATE BRISÉE)

- *250 g Mehl*
- *125 g zimmerwarme Butter*
- *1 Ei, Größe M*
- *50 ml Wasser*
- *Salz, Muskatnuss*

FÜR DIE FÜLLUNG

- *250 g Schinkenspeck*
- *1 Zwiebel*
- *250 g Crème fraîche*
- *200 g Quark*
- *4 EL Milch*
- *4 Eier*
- *Salz, Pfeffer, Muskatnuss*

AUSSERDEM

- *Tarte- oder Quicheform, 26 cm Durchmesser*
- *300 g Hülsenfrüchte zum Blindbacken*

FÜR 6 PERSONEN
BACKZEIT:
2 X 10 + 40 MINUTEN

Tarte salée au munster et cumin

KÄSE-KÜMMEL-TARTE

Wir lieben Tarte und Quiche in allen Formen. Und wir essen auch lieber Käse statt Wurst. Von daher ist es ganz selbstverständlich, dass die Quiche lorraine und die Tarte salée unsere Favoriten sind.

FÜR DEN TARTEBODEN

- *½ TL Kümmel*
- *250 g Mehl*
- *125 g zimmerwarme Butter*
- *1 Ei, Größe L*
- *Salz und Pfeffer*

FÜR DIE KÄSEFÜLLUNG

- *200–250 g cremiger Käse, z. B. Munster*
- *1 Ei*
- *⅓ TL Kümmelsamen*
- *150 g Crème fraîche oder griechischer Joghurt*
- *150 ml Sahne*
- *Salz und Pfeffer*

AUSSERDEM

- *Tarteform, 24 cm Durchmesser*
- *Hülsenfrüchte zum Blindbacken*
- *Backpapier*

FÜR 4 BIS 5 PERSONEN
BACKZEIT: 2 X 10 + 45 MINUTEN

Oft bereite ich Quiche einfach mit dem zu, was im Kühlschrank steht. Diese Grundversion mit kräftigem Käse kann auch ohne Kümmel gebacken oder noch mit Gemüse verfeinert werden. Sie können auch 3 Käsesorten mischen, zum Beispiel Bergkäse (Comté), Ziegenkäse und Blauschimmelkäse (Roquefort).

- Den Ofen auf 180 °C Ober- und Unterhitze vorheizen. Für den Teig den Kümmel in einem Mörser zerdrücken und zusammen mit allen Teig-Zutaten verkneten. Den Teig 4 mm dünn ausrollen, damit eine Tarteform auslegen und den Teig andrücken. Jetzt wird «blind gebacken»: Den Boden mit Backpapier bedecken, Hülsenfrüchte einfüllen und 10 Minuten backen, dann Papier und Hülsenfrüchte entfernen und weitere 10 Minuten backen. Der Tarteboden ist jetzt bereit für die Käsefüllung.

- Den Backofen auf 180 °C Ober- und Unterhitze vorheizen. Den Käse von seiner Rinde befreien, diese beiseitestellen, und das Innere in kleine Stücke schneiden. Das Käseinnere mit Ei, Kümmel, Crème fraîche und Sahne verrühren und mit Salz und Pfeffer abschmecken. Die Creme auf den Boden gießen. Oben drauf werden die größeren Rindestückchen vom Käse verteilt. Die Tarte salée 45 Minuten auf der mittleren Schiene backen.

Petits farcis niçois

GEFÜLLTES GEMÜSE AUS NIZZA

Dieses Rezept mag ich sehr, weil es gaaanz einfach ist und ich frische Kräuter meiner Wahl einmischen kann. Ich mag es mit Bärlauch oder auch Salbei! Es schmeckt alles richtig lecker und «schmilzt im Mund». So kann ich immer unsere ganze Garten-Produktion an Zucchini, Tomaten und Auberginen verbrauchen.

FÜR DIE FÜLLUNG

- *3 Scheiben Baguette*
- *50 ml Milch*
- *2 Schalotten*
- *1 Bund glatte Petersilie*
- *50 g Parmesan*
- *2 kleine Knoblauchzehen*
- *300 g Rinderhackfleisch*
- *Salz und Pfeffer*

FÜR DAS GEMÜSE

- *2 runde Zucchini*
- *2 große Tomaten*
- *2 große Zwiebeln*
- *2–3 Zweige Rosmarin*
- *2–3 Zweige Thymian*
- *2 große Knoblauchzehen*
- *50 ml Olivenöl*

AUSSERDEM

- *Auflaufform*

FÜR 5 BIS 6 PERSONEN
BACKZEIT: 45 MINUTEN

Das aus dem Inneren entfernte Gemüsefleisch kann sehr gut zusammengemixt und mit Thymian, Rosmarin und Knoblauch gewürzt erhitzt werden. Dann wird es wie eine Sauce zu Grieß oder Reis serviert.

- Das Brot zerbröseln und in der Milch einweichen. Die Schalotten und die Petersilie klein schneiden, den Parmesan reiben und 2 kleine Knoblauchzehen zerdrücken. Das leicht ausgedrückte Brot mit Schalotten, Petersilie, Parmesan und Knoblauch mit dem Fleisch zusammenkneten und mit Salz und Pfeffer abschmecken.

- Den Backofen auf 200 °C Ober- und Unterhitze (180 –185 °C Umluft) vorheizen. Die Deckel von Zucchini, Tomaten und Zwiebeln abschneiden und alle Gemüse in der Mitte aushöhlen (mit einem Löffel auskratzen). Dann die Gemüse mit der Fleischmischung füllen und in einer Auflaufform platzieren. Drumherum Rosmarin, Thymian und 2 große, angequetschte Knoblauchzehen legen und das Ganze mit Olivenöl leicht beträufeln. Auf der mittleren Schiene 45 Minuten backen.

Soupe de châtaignes

KASTANIENSUPPE

Jedes Jahr ab Ende September gehen wir in Ost-Lothringen Kastanien sammeln. Dort gibt es ein Schloss auf einem Berg, umschlossen von circa hundert Kastanienbäumen. Als ich noch klein war, gab es in dem Wald noch den Rest einer Festung und alte berankte Mauern ... es war wie im Märchen. Wir gingen dort immer auf Schatzsuche, und jeder versuchte, die größten Kastanien zu finden! Nach einem Nachmittag in der Kälte saßen wir abends vor dem alten Ofen und ließen unsere Kastanien schön rösten. So entwickelten sie ihr leckeres und süßes Aroma. Diese Tradition bewahre ich bis heute und gehe jedes Jahr mit meinem Kind dorthin, um Kastanien zu sammeln. Er hat sogar schon gelernt, wie man die stachlige Schale mit den Füßen aufkriegen kann, sodass man sich nicht die Finger piekst.

FÜR DIE SUPPE

- *1 Zwiebel*
- *30 g Butter*
- *500 g gekochte und geschälte Kastanien*
- *750 ml Gemüsebrühe (oder Suppenfond)*
- *200 ml Milch*
- *150 g Sahne*
- *Muskatnuss*
- *Salz und Pfeffer*

ZUM VERFEINERN

- *5–6 Kastanien*
- *100 g Crème fraîche*

FÜR 5 BIS 6 PERSONEN

Wir lieben Kastanien geröstet, aber die Menge ist so groß, dass wir sie auch gern als Suppe genießen. Ein Teil wird für die Feiertage aufbewahrt – sie begleiten dann unser Weihnachtsmenü!

- Die Zwiebel klein schneiden. In einer Kasserolle (Topf) die Butter schmelzen. Die Kastanien und die Zwiebel kurz anbraten. Gemüsebrühe und Milch zugeben, alles 10 Minuten köcheln lassen, dann pürieren.

- Jetzt die Sahne dazugeben, ein bisschen Muskatnuss einreiben und mit Salz und Pfeffer abschmecken.

- Die Suppe wird vor dem Servieren mit gerösteten Kastanien verfeinert. Dafür gekochte Kastanien einfach ohne Fett in der Pfanne braten, oder bei frischen Kastanien die Schale einritzen und sie 10 Minuten bei 230 °C im Backofen rösten. Die gerösteten Kastanien würfeln und mit ein bisschen Crème fraîche auf die Suppe geben.

Diese Suppe ist eine ganze Mahlzeit in sich. Sie wird auch oft in Kombination mit anderem Gemüse (zum Beispiel halb Kastanie, halb Zucchini) zubereitet, dann ist sie nicht mehr so sättigend.

Die frischen Nudeln halten
nur 1 Tag im Kühlschrank,
danach kleben sie zusammen.
Sie können sie aber 1 Monat im
Tiefkühlschrank aufbewahren.

Crozets savoyards

BUCHWEIZENNUDELN NACH ART DER SAVOYARDEN

Diese kleinen viereckigen Nudeln haben wir in Savoyen kennengelernt. Sie bestehen aus Buchweizenmehl und sind somit glutenfrei. Wir bereiten sie manchmal nur mit Tomaten oder Spinat zu, aber die traditionelle Variante mit Alpenkäse, Speck und Zwiebeln ist auch immer willkommen. Sie können sie auch mit verschiedenen Gemüsen als Auflauf machen oder mit Béchamelsauce und Käse überbacken.

- Das Mehl für die Buchweizennudeln mit den Eiern mischen und mit den Händen kneten, bis man eine schöne, glatte Teigkugel bekommt. Das Wasser wird gebraucht, falls der Teig zu trocken ist. Die Teigkugel in Frischhaltefolie einwickeln und mindestens 30–60 Minuten ruhen lassen.

- Für die Weiterverarbeitung gibt es 2 Methoden:
  - ➤ Mit der Nudelmaschine: Den Teig vierteln und durch die Maschine geben (ungefähr Stufe 3). Es sollen längere Teigstreifen, nicht dünner als 3–4 mm, hergestellt werden.
  - ➤ Mit dem Nudelholz: Hier braucht man viel Kraft und Geduld, bis man Teigstreifen von ca. 4 mm Dicke ausgerollt hat (aber wir sind hier nicht so anspruchsvoll wie bei einer Maschine!).

- Dann die Teigbänder auf der bemehlten Arbeitsfläche in schmalere Streifen und diese in kleine Vierecke von ca. ½ x 1 cm schneiden. Sie können die Crozets jetzt trocknen lassen und später verwenden oder frisch 2 Minuten in kochendem Salzwasser garen.

- Den Schinkenspeck würfeln, die Zwiebeln in Scheiben schneiden. Beides zusammen in einer Pfanne anbraten. Wenn die Zwiebeln goldbraun sind, mit Wein ablöschen und 2 Minuten köcheln lassen. Die Grillfunktion des Backofens vorheizen. Die vorgekochten Crozets zur Schinkensauce geben und verrühren. Das Ganze in die Auflaufform geben, mit Käse bedecken und für 10 Minuten auf der mittleren Schiene überbacken. Der Käse wird dabei bräunen und die Speise cremig machen.

FÜR DIE CROZETS
- *200 g Buchweizenmehl*
- *2 Eier, Größe M*
- *1–2 EL Wasser*

FÜR DIE SAUCE
- *150 g Schinkenspeck*
- *2 Zwiebeln*
- *100 ml trockener Weißwein*
- *250 g Raclettekäse in Scheiben (wir nehmen gerne den geräucherten)*

AUSSERDEM
- *Auflaufform*

FÜR 4 PERSONEN
KÜHLZEIT: ½–1 STUNDE
BACKZEIT: 10 MINUTEN

Les Volailles

GEFLÜGELGERICHTE

Poule au pot

EINTOPF MIT GEFÜLLTEM HÄHNCHEN

«Poule au pot» in seiner königlichen Zubereitung, also wie hier beschrieben mit einer Füllung, ist aufwendig, aber sooo lecker. Es lohnt sich, sich die Zeit zu nehmen, Sie werden Ihre Familie beeindrucken und glücklich machen. Sie können aber auch das Füllen weglassen und nach diesem Rezept eine sehr leckere Suppe mit Hähnchen zubereiten.

FÜR DIE FÜLLUNG (FARCE)

- *50 g Toastbrot*
- *50 ml Milch*
- *1 Schalotte*
- *1 Ei*
- *100 g Gehacktes vom Schwein*
- *50 g Gehacktes vom Huhn*
- *4 EL gehackte Petersilie*
- *1 Knoblauchzehe*
- *Salz und Pfeffer*
- *Muskatnuss*

FÜR DAS HUHN

- *1 küchenfertiges Huhn, ca. 1.300 g*
- *4 Möhren*
- *1 Navet- oder Mairübchen*
- *2 Stangen Porree*
- *1 Zwiebel*
- *3 Nelken*
- *1 Bouquet garni (Bund aus verschiedenen Kräutern)*
- *1 Lorbeerblatt*
- *Rosmarin*

Das Lieblingsgericht von Henri IV ist bei uns das Synonym für: «Ich bin mal wieder krank und Maman kümmert sich um mich.»

- Für die Füllung das Brot in der Milch einweichen. Die Schalotte klein schneiden. Schalotte, das leicht ausgedrückte Brot, Ei, Hackfleisch, Petersilie, durchgepresste Knoblauchzehe, Salz, Pfeffer und Muskat mischen.

- Das Huhn innen und außen waschen und trocken tupfen, dann mit der Fleischmischung füllen. Das Hühnchen zuklappen und die Beine mit Küchengarn zusammenbinden.

- Die Möhren und die Rübe schälen und in dicke Stücke schneiden. Die Porreestangen in lange Stücke schneiden und zusammenbinden. Eine Zwiebel mit den Nelken spicken und mit dem Gemüse, den Kräutern und dem Hühnchen in einen großen Kochtopf geben und mit Wasser bedecken. Im geschlossenen Kochtopf 2 Stunden köcheln lassen.

- Nach 1,5 Stunden 250 ml Fond aus dem Topf entnehmen und in einem kleinen Topf leicht warm halten.

- Für die Sauce in einer Schüssel die Eigelbe mit der Speisestärke verrühren, dann die Sahne dazugeben (ich nehme gern Koch- oder Kaffeesahne, da diese weniger Fett enthalten als Schlagsahne, Sie können gern aber auch die verwenden). Mit Muskatnuss, Salz und Pfeffer abschmecken, dann in den nicht zu warmen Fond gießen und darin auflösen. Unter ständigem Rühren und bei schwacher Hitze kommt noch die kalte Butter in kleinen Stückchen dazu. Aufpassen: Die Butter für die Sauce muss sehr kalt und der Fond sollte nicht zu warm sein, sonst wird die Sauce nicht cremig!

- Das Gemüse und das klein geschnittene Fleisch essen wir immer als Suppe, die Hühnerschenkel werden danach mit der Sauce und Pellkartoffeln genossen.

FÜR DIE SAUCE

- *2 Eigelb*
- *1 EL Maisspeisestärke*
- *200 g Kochsahne, Kaffeesahne geht auch*
- *Muskatnuss*
- *Salz und Pfeffer*
- *50 g sehr kalte Butter*

FÜR 4 BIS 6 PERSONEN
KOCHZEIT: 2 STUNDEN
FOTO AUF SEITE 58

Poularde aux morilles et aux châtaignes

POULARDE MIT MORCHELN UND KASTANIEN

Das ist unser Weihnachtsbraten! Wir lieben ihn mit vielen Kastanien und viel Sauce. Das Geheimnis besteht darin, schöne Morcheln in der Sauce mitzuköcheln, und in der Butterzubereitung, die in das Hühnchen einmassiert wird! Weil ich selten frische Morcheln bekomme, nehme ich immer getrocknete und habe auch dafür eine perfekte Anwendung entwickelt!

FÜR DAS HUHN

- *70 g + 5 g getrocknete Morcheln*
- *120 g Butter*
- *Salz und Pfeffer*
- *1 Maispoularde, ca. 1.800 g (direkt vom Bauernhof)*
- *6 Schalotten*
- *2 Birnen*
- *2 Nelken*
- *1 Lorbeerblatt*
- *250 ml + 100 ml Weißwein*
- *400 g gekochte und geschälte Kastanien*
- *1 Eigelb*
- *350 g Kochsahne, Kaffeesahne geht auch*
- *Muskatnuss*

Zu diesem Gericht serviere ich blanchiertes Gemüse wie Möhren oder grüne Bohnen. Durch die Morchelbutter wird die Haut der Poularde dunkler, aber auch schön knusprig und aromatisch.

- 70 g Morcheln mahlen (zum Beispiel in einer Kaffeemühle oder Moulinette). Eine Hälfte der Morchelmasse mit Butter, Salz und Pfeffer verarbeiten, die andere Hälfte kommt später als Geschmacksverstärker und Bindemittel in die Sauce. 5 g ganze Morcheln in heißem Wasser quellen lassen.

- Die Rückenhaut (rechts und links) von der Poularde leicht anheben, mit den Fingern zwischen Haut und Fleisch gehen und die Haut etwas lösen. In diese kleinen Stellen die Morchelbutter reindrücken und einmassieren. Die Butter soll sich gleichmäßig unter der Haut verteilen, über das ganze Filet bis zu den Schenkeln.

- Den Backofen auf 200 °C Ober- und Unterhitze (Umluft 180 °C) vorheizen. 3 Schalotten und die Birnen schälen und halbieren. Zusammen mit den Nelken und dem Lorbeerblatt in die Poularde geben und fest eindrücken. Die Poularde in die Auflaufform legen und für circa 80 Minuten auf der mittleren Schiene braten, dabei alle 20 Minuten begießen, beim ersten Mal mit 250 ml Weißwein, danach zweimal mit dem Bratensaft aus der Form.

- Nach 1 Stunde die Kastanien mit in die Auflaufform geben und ca. 100 ml Bratenfond mit der Schöpfkelle entnehmen. Die 3 restlichen Schalotten klein schneiden, zum entnommenen Fond in einen Topf geben und 2–3 Minuten leicht köcheln lassen. 100 ml Weißwein angießen, die gemahlenen Morcheln zugeben und ca. 5 Minuten erhitzen. Dabei verdickt das Morchelpulver die Sauce und macht sie schön sämig.

- Bei schwacher Hitze kommen das Eigelb und die Sahne dazu, dabei 3–5 Minuten fleißig weiterrühren, bis die Sauce dickflüssig ist (ich nehme gern Koch- oder Kaffeesahne, da diese weniger Fett enthalten als Schlagsahne, Sie können gern aber auch die verwenden). Sie können die Sauce jetzt durch ein Sieb passieren oder – wie ich es mache – die Sauce einfach in den Blender (Standmixer) geben und die kleinen Schalottenstückchen bewahren und mitgenießen. Zum Schluss kommen noch die eingeweichten ganzen Morcheln in die Sauce.

- Die Poularde auf einer Servierplatte mit den Kastanien und ein bisschen Sauce anrichten. Den Rest kann sich jeder nach Appetit nehmen.

AUSSERDEM
- *große Auflaufform*

FÜR 6 BIS 7 PERSONEN
BACKZEIT: 80 MINUTEN
FOTO AUF SEITE 59

Coq au vin

IN ROTWEIN GESCHMORTES HÄHNCHEN

Dieses Rezept wurde bei uns immer mit Bordeaux-Wein und einem Schuss Armagnac gekocht. In Deutschland finde ich nicht immer den passenden kleinen Bordeaux dafür und möchte nicht meine gute Reserve im Keller zum Kochen verwenden. Über die Jahre konnte ich aber mit deutschen und österreichischen Weinen experimentieren und kann diese hier empfehlen: Blauer Zweigelt, Spätburgunder, Dornfelder, Trollinger. Aber vielleicht kann Ihnen ein kleinerer Weinproduzent in Ihrer Nähe noch etwas anderes empfehlen.

FÜR DEN HÄHNCHENTOPF

- *4 große Hähnchenkeulen*
- *30 g Butter*
- *ca. 3 EL Armagnac (französischer Brandy, Alkoholgehalt 40 oder 50 %vol)*
- *150 g Möhren*
- *3 Zwiebeln*
- *120 g Schinkenspeck*
- *2 gestrichene EL Mehl*
- *1 Flasche Rotwein, 0,7 l*
- *1 Knoblauchzehe*
- *2 Nelken*
- *1 Lorbeerblatt*
- *1 EL Thymianblättchen*
- *1 EL klein gehackte Rosmarinnadeln*
- *250 g Champignons*
- *Salz und Pfeffer*

FÜR 4 PERSONEN
KOCHZEIT: 1,5 STUNDEN

Wir essen Coq au vin gerne mit Gratin dauphinois, Pommes Dauphines oder Bratkartoffeln.

- Die Keulen mit der Butter anbraten und schön bräunen. Dann mit einem Schuss Armagnac löschen und flambieren (die Dämpfe mit einem langen Streichholz anzünden, dabei auf einen ausreichenden Abstand achten).

- Möhren, Zwiebeln und Schinkenspeck klein schneiden. Zwiebeln und Schinkenspeck in der Pfanne anbraten, bis sie glasig werden, dann 2 gestrichene EL Mehl daraufstreuen und gut rühren. Jetzt den Wein, die zerdrückte Knoblauchzehe, Möhren, Nelken, Lorbeerblatt, Thymian, Rosmarin und Pfeffer sowie die Hähnchenkeulen zugeben.

- Das Ganze 1,5 Stunden köcheln lassen. Die Champignons klein schneiden. 10 Minuten vor dem Servieren die Champignons hineingeben und mit Salz und Pfeffer abschmecken.

> Man sollte immer am Ende salzen, weil man vorher nicht weiß, wie stark die Sauce reduziert wird und wie salzig der Schinkenspeck ist.

Poulet basquaise

BASKISCHES HUHN

Je länger Sie das Gericht garen, desto weicher wird das Fleisch.

Wenn wir im Sommer viele Freunde oder die Familie zum Feiern einladen, bereite ich sehr gern diese Speise zu. Mit dem vielen Gemüse und der pikanten Note lässt sie sich perfekt mit einem schönen Stück Brot oder Fougasse genießen. Die Sauce wird nach einer Stunde Köcheln so schön cremig dick, dass man fast keine Gabel mehr braucht!

FÜR DAS HUHN

- *4 große Hähnchenschenkel oder -brüste*
- *40 g Butter zum Braten*
- *200 g Jambon de Bayonne (oder geräucherter, Serrano- oder Ibericoschinken)*
- *2 Zwiebeln*
- *1 Dose (500 g) geschälte Tomaten*
- *3 Paprikas (rot, grün, gelb)*
- *3 Knoblauchzehen*
- *ca. 350 ml trockener Weißwein*
- *ca. 200 ml Gemüsebrühe*
- *1 gestrichener TL Piment d'Espelette (oder ein mildes Chilipulver)*
- *2 EL klein geschnittene Petersilie*
- *Salz und Pfeffer*

FÜR 4 PERSONEN
KOCHZEIT:
MIND. 45 MINUTEN

Da wir nicht so gern grillen, ist dies auch eine unserer alternativen Speisen, wenn wir im Garten essen oder Picknick machen. Die Kinder genießen es und für die starken Männer lassen wir auch immer die Dose Piment d'Espelette (ein fruchtig-aromatisches Chilipulver) auf dem Tisch stehen! Ich bereite das Gericht mit Absicht nicht zu scharf zu, weil bei unserem Essen ja auch Kinder dabei sind. Wie sagt man so schön: «Je nach Geschmack kann jeder nachwürzen!»

- In einer Kasserolle (Topf) die Hähnchenschenkel in Butter anbraten. Wenn sie schön goldbraun sind, aus der Kasserolle nehmen, mit Alufolie bedecken und beiseitestellen.

- Jambon de Bayonne und die Zwiebeln in Würfel schneiden, in die Kasserolle geben und 3 Minuten lang anbraten. Die Tomaten klein schneiden, die Paprikas schälen und auch klein schneiden. Beides zusammen mit den durchgepressten Knoblauchzehen in die Kasserolle tun. (Ich schäle Paprikaschoten, weil sie dann besser vertragen werden. Wenn sie schön frisch sind, lassen sie sich kinderleicht von der Haut befreien.)

- Das Fleisch wieder in die Kasserolle legen. Mit Wein und Brühe auffüllen, bis das Fleisch bedeckt ist. Dann noch Piment d'Espelette und die Petersilie dazugeben und mit Salz und Pfeffer abschmecken. Das Ganze mindestens 45–50 Minuten (Hähnchenbrust nur 30 Minuten garen) zugedeckt köcheln lassen.

Confit de canard et pommes de terre sarladaises

ENTEN-CONFIT MIT GÄNSESCHMALZ-BRATKARTOFFELN

Ich bewahre das Gänseschmalz nach der Confit-Zubereitung im Kühlschrank auf und nehme es gern zum Braten. Wenn Sie Confit auf Vorrat im Weckglas einmachen, braten Sie es zum Essen unter dem Grill oder in der Pfanne. In Gänsefett gebratene Kartoffeln heißen «pommes de terre sarladaises».

FÜR DAS CONFIT

- *2 Entenschenkel*
- *ca. 1 kg grobes Salz*
- *300 g Gänseschmalz*
- *1 Lorbeerblatt*
- *1 TL Thymianblättchen*
- *2 Nelken*
- *2 Knoblauchzehen*

FÜR DIE BRATKARTOFFELN

- *8 kleine Kartoffeln, roh*
- *4 EL Gänseschmalz vom Confit*
- *1 Knoblauchzehe*
- *Salz und Pfeffer*
- *Petersilie*

AUSSERDEM

- *Auflaufform*

FÜR 2 PERSONEN
ZIEHZEIT: ÜBER NACHT
BACKZEIT: 2 STUNDEN
FOTO AUF SEITE 72

- Die Entenschenkel vom sichtbaren Fett befreien und dieses beiseitelegen. Die Schenkel mit dem Salz einreiben und in einer Auflaufform zugedeckt 1 Nacht im Kühlschrank ziehen lassen (Bild 1 bis 6).

- Am nächsten Tag die Schenkel kurz abspülen, um das überschüssige Salz abzuwaschen. Die Schenkel trocken tupfen. Das zurückgelegte Entenfett in einem Topf bei schwacher Hitze schmelzen. Durch ein Sieb zum Gänseschmalz geben, diese Mischung schmelzen und mischen.

- Den Backofen auf 160 °C Ober- und Unterhitze (Umluft 140 °C) vorheizen. Die Entenschenkel mit Lorbeerblatt, Thymian, Nelken und den ungeschälten, angequetschten Knoblauchzehen in eine Auflaufform legen und mit dem geschmolzenen Fett übergießen (Bild 7 bis 9). Für 2 Stunden auf der mittleren Schiene in den Backofen schieben. Dann heiß in Weckgläser füllen und ca. 1 Monat gekühlt aufbewahren oder mit dem nächsten Schritt weitermachen.

- Die gegarten Schenkel leicht abkühlen lassen, dann das anhaftende Fett mit einer Gabel abstreichen. Die Schenkel für 10 Minuten im Backofen unter den Grill legen.

- Die geschälten Kartoffeln in Scheiben schneiden. In einer Pfanne 3–4 EL Gänsefett erhitzen, dann 1 Knoblauchzehe und die Kartoffeln zugeben. Ohne zu rühren braten, bis die Kartoffeln goldgelb sind, dann umdrehen. Mit Salz und Pfeffer würzen und mit Petersilie bestreuen.

1

2

3

4

5

6

7

8

9

Poulet aux pommes et au cidre

APFEL-HÄHNCHEN MIT CIDRE

Das ist das Lieblingsgericht meines Sohnes Léandre – mit viel Apfel und süßem Cidre zum Kochen. Für dieses Rezept ist es sehr wichtig, einen süß-säuerlichen (keinen trockenen) Apfelwein zu nehmen, um die Süße des Apfels mit der Säure des Weins zu ergänzen. Einfach lecker. Ich habe zwei Varianten für dieses Rezept: eine mit gebratenem Hähnchen und die andere mit Hähnchenbrustfilet. Wir essen gerne Reis dazu.

- Möhren, Schalotte und Apfel schälen. Möhren, Schalotte und Champignons in dünne Scheiben, den Apfel in kleine Stücke schneiden.

Variante mit ganzem Hähnchen

- Den Backofen auf 190 °C Ober- und Unterhitze (Umluft 170 °C) vorheizen. Das Hähnchen mit der Butter einreiben und mit Salz und Pfeffer bestreuen. In die Auflaufform legen und für 45 Minuten auf der mittleren Schiene im Ofen garen. Nach 25 Minuten mit der Schöpfkelle ca. 100 ml Bratenfond aus der Auflaufform entnehmen.

- Den entnommenen Fond in einen Topf geben und mit Möhren, Schalotte, Nelke, Lorbeerblatt, Rosmarin und Cidre 10–12 Minuten köcheln lassen. Dann Champignons und Apfel zugeben und weitere 8 Minuten köcheln lassen. Lorbeerblatt und Rosmarin rausfischen. Zum Schluss auf schwacher Hitze Crème fraîche einrühren, mit Salz und Pfeffer abschmecken und zum Fleisch servieren.

Variante mit Filets

- Wenn Sie Filets nehmen, diese in kleine Streifen schneiden und in einer Pfanne mit der Butter kross braten. Die Schalotte zum Fleisch geben und kurz bräunen lassen. Mit ein bisschen Cidre ablöschen. Möhren, Nelke, Lorbeerblatt und Rosmarin zugeben, den Rest des Cidres und noch 100 ml Wasser dazugießen und ca. 10 Minuten köcheln lassen. Dann kommen die Pilze und der Apfel dazu und werden noch 8 Minuten mitgegart. Zum Schluss auf schwacher Hitze Créme fraiche einrühren, mit Salz und Pfeffer abschmecken.

FÜR DIE SAUCE

- *3 Möhren*
- *1 Schalotte*
- *1 fester Apfel (z. B. Pink Lady oder Braeburn)*
- *250 g Champignons*
- *1 Nelke*
- *1 Lorbeerblatt*
- *2 Zweige Rosmarin*
- *250 ml Cidre*
- *3 EL Crème fraîche*
- *Salz und Pfeffer*

FÜR DAS FLEISCH

- *1 Hähnchen, ca. 1.200 g, oder 4 Hähnchenfilets*
- *30 g Butter*
- *Salz und Pfeffer*

AUSSERDEM

- *Auflaufform*

FÜR 4 PERSONEN
BACKZEIT: 45 MINUTEN

Wenn es keinen Apfelwein gibt, mische ich ein bisschen Calvados mit Gemüsebrühe.

Magret de canard à l'orange

ENTENBRUSTFILET MIT ORANGE

Ein perfektes Gericht für einen romantischen Abend. Dabei kann man nichts falsch machen. Es ist sehr traditionell, aber man kann es mit Zimt, Garam Masala und tropischen Früchten aufpeppen.

FÜR FLEISCH UND SAUCE

- *3 unbehandelte Orangen*
- *2 Entenbrustfilets*
- *30 g Butter*
- *5 cl Grand Marnier*
- *1 kleine Schalotte*
- *2 EL Honig*
- *Salz und Pfeffer*

FÜR 2 PERSONEN
BACKZEIT: 8 MINUTEN

Ich mache dazu frisches Gemüse (Möhren, Zuckerschoten), die klein geschnitten zuerst blanchiert, also 2–5 Minuten in kochendem Wasser gegart, und dann noch kurz in der Sauce geschwenkt werden. Bei uns gibt es meist Reis oder Buchweizen dazu.

- Den Backofen auf 180 °C Ober- und Unterhitze vorheizen (Umluft 160 °C). 2 Orangen auspressen, die Schale von 1 ausgepressten Orange ganz dünn abschälen (ohne die weiße Haut). Die letzte Orange halbieren, aus einer Hälfte die Filets herauslösen, die andere Hälfte in dünne Scheiben schneiden. Diese Orangenscheiben 5 Minuten in Wasser kochen und dann 20 Minuten auf der mittleren Schiene im Backofen auf einem Baguette-Backblech oder einem Löffelrücken trocknen lassen. So bekommen die Scheiben die gebogene Form.

- Die Entenbrustfilets mehrfach diagonal einschneiden, Salz und Pfeffer einmassieren und in einer Pfanne mit Butter bei hoher Temperatur auf jeder Seite ca. 2–3 Minuten kross braten. Mit Grand Marnier ablöschen. Die klein geschnittene Schalotte, den Saft von 2 Orangen, den Honig und ein bisschen Orangenschale (Zeste) dazugeben.

- Die Filets jetzt aus der Pfanne nehmen, in Alufolie einwickeln und für 8 Minuten bei 175–180 °C in den Backofen stellen. Wenn Sie es blutig mögen, brauchen Sie die Filets nur in der Pfanne braten und dann ruhen lassen und genießen.

- Die Sauce in der Pfanne bei hoher Temperatur etwas einkochen (reduzieren) lassen und mit Salz und Pfeffer abschmecken. Die Orangenfilets zum Schluss 1 Minute in der Sauce ziehen lassen. Das Fleisch in Scheiben schneiden und mit der Sauce auf den getrockneten Orangenschälchen anrichten.

BORDEAUX
MIS EN BOUTEILLE AU
JEAN
BORDEAUX
1998

Burger à la française

FRANZÖSISCHER BURGER MIT ENTENFLEISCH

Als Maman muss ich auch manchmal «cool» sein und Burger zu Hause zubereiten. Die Pommes backe ich im Backofen schön knusprig, aber das Fleisch ist bei uns etwas ganz Spezielles! Eine Zubereitung aus Entenfleisch, ein bisschen Knoblauch und meinem Zaubertrick, der 4-Gewürze-Mischung: Zimt, Muskatnuss, Nelke und Pfeffer. Sie gibt dem Fleisch eine leckere Note, die perfekt zu den selbst gebackenen Feige-Walnuss-Dinkelbrötchen passt.

FÜR DIE BRÖTCHEN

- *300 g Weizenmehl*
- *200 g Dinkelmehl*
- *1 EL Salz*
- *1,5 EL Zucker*
- *1 Würfel Hefe*
- *320 ml lauwarmes Wasser*
- *5 Soft-Feigen*
- *50 g geschälte Walnüsse*

FÜR DIE VINAIGRETTE

- *1 TL «moutarde à l'ancienne» (grobkörniger Senf)*
- *2 EL Essig*
- *3 EL Olivenöl*
- *Salz und Pfeffer*

Man kann dieses Rezept natürlich auch ohne die 4-Gewürze-Mischung zubereiten, dann aber nicht vergessen, das Fleisch gut mit Salz und Pfeffer zu würzen.

- Für die Brötchen die zwei Sorten Mehl, Salz und Zucker gründlich mischen. Die Hefe im Wasser auflösen, zur Mehlmischung geben und den Teig mit den Händen kneten, bis ein klebriger Teig entsteht, dann die klein geschnittenen Feigen und Walnüsse einkneten.

- Den Teig zu 8 kleinen Kugeln formen und auf ein mit Backpapier ausgelegtes Backblech setzen. Die Kugeln kurz mit nassen Händen bestreichen, mit einem scharfen Messer einen Schlitz hineinschneiden und für 35 Minuten bei 200 °C (Umluft!) in den kalten Backofen schieben. Unten in den Backofen ein Blech oder eine Schüssel mit 800 ml Wasser stellen. Die fertigen Brötchen aus dem Backofen nehmen und auf dem Blech auskühlen lassen.

- Eine Vinaigrette aus 1 TL Senf, 2 EL Essig, 3 EL Olivenöl, Salz und Pfeffer zubereiten.

- Für die Burger die Zwiebeln in Scheiben schneiden, in einer Pfanne mit Butter anschwitzen und bräunen, zur Seite stellen.

- Um den Fettgehalt zu reduzieren, wird das auf der Rückenseite der Brustfilets anhaftende Fett ungefähr zur Hälfte weggeschnitten. Das Fleisch durch den Fleischwolf drehen. Die durchgepresste Knoblauchzehe, die Gewürzmischung, Salz und Pfeffer ins Fleisch kneten. In einer heißen Pfanne ohne Fett kleine, flach gedrückte Portionen ca. 3–5 Minuten auf jeder Seite braten.

- Jetzt wird «gebastelt»: Die Brötchen halbieren und beide Hälften mit Senf bestreichen. Dann nacheinander Zwiebel, Salat, Tomatenscheiben, etwas Vinaigrette, Hacksteak und wieder Tomaten, Salat und Zwiebel auf die untere Hälfte legen. Oben drauf kommt die zweite Brötchenhälfte.

FÜR DIE BURGER

- *3 Zwiebeln*
- *10 g Butter*
- *ca. 300 g Hackfleisch aus 2 Entenbrustfilets*
- *1 Knoblauchzehe*
- *½ TL Gewürzmischung: Zimt, Muskat, Nelke, Pfeffer*
- *Salz und Pfeffer*
- *4 EL «moutarde à l'ancienne» (grobkörniger Senf)*
- *Feldsalat*
- *2 Tomaten, in Scheiben geschnitten*

FÜR 4 PERSONEN
BACKZEIT: 35 MINUTEN
FOTO AUF SEITE 73

RESTAURANT
COMPTOIR
DES VOYAGEURS

Les Viandes Rouges

FLEISCHGERICHTE

Lapin aux pruneaux et ...

HASE IN PFLAUMENSAUCE MIT ...

Meine Maman hat dieses Gericht sehr oft für Sonntagmittag zubereitet. Sie ließ dazu das Fleisch schon am Abend zuvor 2 Stunden köcheln. Am Sonntagmorgen kamen die Pflaumen in die Sauce und das Ganze wurde noch mal 20 Minuten bis 1 Stunde geköchelt. Ich liebe dieses Rezept, weil es schnell, einfach und sehr preiswert ist! Meine Maman hat immer Nudeln dazu serviert, ich mag lieber Kartoffelgratin, denn damit lässt sich die Sauce so schön aufnehmen.

FÜR DEN HASENTOPF

- *100 g Schinkenspeck*
- *1 Zwiebel*
- *3 Möhren*
- *1 Hase, ca. 1 kg, in 10 bis 12 Teile zerlegen lassen*
- *20 g Butter*
- *1 EL Mehl*
- *1 Schuss Cognac*
- *1 l Rotwein*
- *2 EL Thymianblättchen*
- *2 EL klein gehackte Rosmarinnadeln*
- *1 Nelke*
- *1 Lorbeerblatt*
- *Salz und Pfeffer*
- *2 Knoblauchzehen*
- *6–7 getrocknete Pflaumen*
- *200 g Champignons*

Gratin dauphinois ist die klassische Beilage zu Rindfleisch und Wild. Ich mag es gerne zu einem «plat en sauce», also einem Saucengericht. Das Gratin besteht nur aus Kartoffeln, Sahne (oder Milch) und Gewürzen. Mehr brauchen Sie nicht! Das Geheimnis liegt in der langen Backzeit. Als kleines Kind habe ich mich immer mit meinem Bruder um das größte Krustenstückchen gestritten. Es ist so schön knusprig.

- Den Speck und die Zwiebel in Scheiben schneiden. Die Möhren schälen und in kleine Würfel schneiden. Die Hasenteile mit Butter anbraten, dabei erst umdrehen, wenn die Teile schön gebräunt sind. Mit Mehl überstäuben und gut verrühren. Cognac zum Ablöschen zugeben, dann Speck, Zwiebel und Möhren zufügen und ca. 5 Minuten bräunen.

- Das Fleisch mit dem Wein und ein bisschen Wasser bedecken, Kräuter, Gewürze und angequetschten Knoblauch in den Topf geben und das Ganze mindestens 1,5 Stunden mit Deckel köcheln lassen. Nach 2 Stunden ist das Fleisch ganz weich, hat sich vom Knochen gelöst und «zergeht auf der Zunge». Der Knoblauch wird vor dem Servieren wieder rausgefischt.

Gratin dauphinois

KARTOFFELGRATIN

- In der Zwischenzeit das Kartoffelgratin bereiten: Den Backofen auf 180 °C Ober- und Unterhitze (Umluft 160 °C) vorheizen. Die Kartoffeln schälen und in ganz dünne Scheiben schneiden.

- Die Sahne mit Nelke, Lorbeerblatt, ein bisschen Muskatnuss, Salz und Pfeffer und 1 angequetschten Knoblauchzehe erhitzen. Mit der anderen Knoblauchzehe eine Auflaufform ausreiben, die Kartoffelscheiben hineinplatzieren und die Sahne durch ein Sieb darübergießen. Für 60 Minuten auf der mittleren Schiene garen.

- Die Pflaumen für den Hasen vierteln, die Champignons je nach Größe halbieren oder klein schneiden. Die Pflaumen zum Fleisch geben und 20 Minuten köcheln. 10 Minuten vor dem Servieren kommen noch die Champignons dazu. Als Getränk eignet sich ein kräftiger trockener Rotwein.

FÜR DAS KARTOFFELGRATIN

- *800 g Kartoffeln*
- *450–500 g Sahne oder Crème fraîche*
- *1 Nelke*
- *1 Lorbeerblatt*
- *Muskatnuss*
- *Salz und Pfeffer*
- *2 kleine Knoblauchzehen*

FÜR 4 PERSONEN
KOCHZEIT HASE: 1,5–2,5 STUNDEN
BACKZEIT KARTOFFELN: 1 STUNDE
FOTO AUF SEITE 80

Médaillons de porc et Pommes Dauphines façon Duchesse

SCHWEINEMEDAILLONS MIT KARTOFFEL-BRANDTEIG-RINGEN

Wir essen sehr wenig Schweinefleisch, und wenn, muss es schön veredelt werden. Ob mit Kräutern oder getrockneten Früchten, sie sollen Feuchtigkeit in die Speise bringen, deswegen frische oder Soft-Früchte verwenden. Auch gekochte Kartoffeln gibt es bei uns selten, aber ich liebe Pommes Duchesse (kleine überbackene Kartoffelpüree-Rosetten) und Pommes Dauphines, das sind kross frittierte Bällchen aus einem Kartoffel-Brandteig. Statt sie zu frittieren, backe ich Pommes Dauphines lieber im Backofen. Das Ergebnis ist oben knusprig und in der Mitte weich wie eine Wolke. So lässt sich die Sauce perfekt mit der Gabel einarbeiten … und genießen.

FÜR DAS KARTOFFELPÜREE

- *300 g Kartoffeln*
- *Muskatnuss*
- *2 EL Milch*
- *1 TL Salz*
- *Pfeffer*

FÜR DEN BRANDTEIG

- *100 ml Wasser*
- *100 ml Milch*
- *80 g Butter*
- *100 g Mehl*
- *3 Eier, Größe M*
- *Salz und Pfeffer*
- *1 Eigelb*
- *2 EL Milch*

Sowohl das Fleisch als auch die Kartoffeln kommen aus dem Backofen. Um das gut zu organisieren, platziere ich das Fleisch entweder zum Ende der Backzeit der Teigringe im Backofen und stelle für 10 Minuten auf 175 °C. Oder ich nehme die gebackenen Teigringe raus und decke sie bis zum Servieren mit Alufolie ab.

- Zunächst werden die Kartoffel-Brandteig-Ringe vorbereitet, siehe dazu auch die Seiten 84 und 85: Die Kartoffeln schälen, kochen und abkühlen lassen.

- In der Zwischenzeit für den Brandteig Wasser und Milch zum Kochen bringen. Die Butter dazugeben und schmelzen lassen (Seite 84, Bild 1). Wenn die Butter geschmolzen ist, das Mehl auf einmal dazugeben und mit einem Kochlöffel kräftig rühren. Es wird am Anfang ein bisschen krümelig, doch nach 3–4 Minuten wird sich ein Teigkloß formen (Seite 84, Bild 2), der Teig wird wie Knete sein. Diese Kugel in eine Schüssel legen und die Eier, eins nach dem anderen, einrühren (Seite 84, Bild 3). Noch 5 Minuten weiterrühren, bis alles schön cremig ist, dann Salz und Pfeffer dazugeben.

- Die kalten Kartoffeln zerdrücken (grob oder ganz fein, je nach Geschmack). Ein bisschen Muskatnuss hineinreiben und 2 EL Milch zugeben, umrühren, mit Salz und Pfeffer abschmecken, und schon haben Sie ein kleines Püree (Seite 84, Bild 4).

- Den Backofen auf 190 °C Umluft (!) vorheizen. Jetzt Püree und Brandteig vorsichtig mit dem Teigschaber zusammenrühren, in einen Spritzbeutel mit großer Tülle geben und kleine Ringe mit ungefähr 8 cm Durchmesser auf ein mit Backpapier belegtes Backblech spritzen (Seite 85). Eigelb und 2 EL Milch verrühren, die Ringe damit bepinseln und für 30 Minuten auf der mittleren Schiene goldbraun backen, bis sie goldbraun sind.

- Das Schweinefilet in kleine Medaillons von 5 cm Stärke schneiden. Den Backofen auf 200 °C Ober- und Unterhitze (Umluft 180 °C) stellen. Die Schalotten klein schneiden.

- Die Medaillons in 30 g Butter kurz von jeder Seite anbraten. Währenddessen die Schalotten und den Rosmarin zugeben.

- Aprikosen, Kerne und Nüsse klein hacken, in einer Schüssel mit 30 g Butter und dem Honig mischen, mit Salz und Pfeffer abschmecken.

- Die Medaillons auf ein mit Backpapier belegtes Backblech setzen, mit der Aprikosenpaste bedecken und für 10–12 Minuten bei 175 °C (Umluft) überbacken. Danach das Fleisch in Alufolie einwickeln.

- In der Pfanne den Fond mit dem Fleischsaft vom Backblech und dem Orangensaft lösen. Die Sahne einrühren und die Sauce mit Salz und Pfeffer abschmecken. Die Medaillons und die Kartoffelringe auf die Teller legen und die Sauce und das Fleisch in die Mitte der Ringe geben. Dazu passt ein kalter Roséwein oder ein kräftiger Rotwein.

FÜR DAS FLEISCH

- *500 g Schweinefilet*
- *2 kleine Schalotten*
- *30 g + 30 g Butter*
- *2 TL klein gehackte Rosmarinnadeln*
- *100 g Soft-Aprikosen*
- *20 g Pinienkerne*
- *20 g Pistazien*
- *20 g Walnüsse*
- *50 g Honig*
- *Salz und Pfeffer*
- *200 ml Orangensaft*
- *200 g Sahne*

FÜR 4 PERSONEN
GARZEITEN KARTOFFELN: 20 + 30 MINUTEN
BACKZEIT FLEISCH: 10–12 MINUTEN
FOTO AUF SEITE 81

Pommes Dauphines façon Duchesse

... Fortsetzung von Seite 83

1

Ich liebe die französische Küche, aber ich suche auch nach Alternativen, um ein bisschen Fett zu sparen. Hier ist es mir sehr gut gelungen: Anstatt den Kartoffel-Brandteig als kleine Kugeln zu frittieren (so ist das Originalrezept für Pommes Dauphines), forme ich größere Ringe und backe sie wie Pommes Duchesse im Backofen, so erhalte ich «Pommes Dauphines façon Duchesse». Das Fleischgericht kommt in die Mitte der Ringe und die Sauce läuft über die Ränder ... ich kann nur sagen: Lasst es Euch schmecken!

2

3

4

Blanquette de veau

KALBSRAGOUT AUF FRANZÖSISCHE ART

Im Bistro in Frankreich bestelle ich gern Blanquette de veau. Am liebsten esse ich dieses Ragout schön cremig und mit Reis, dazu ein Glas kühlen Weißwein.

- Das Fleisch in 4 cm große Stücke schneiden und mit 20 g Butter in einem großen Kochtopf anbraten. Möhren und Zwiebeln schälen. Eine Zwiebel mit Nelken spicken, die andere Zwiebel und die Möhren klein schneiden.

- Die gespickte und die klein geschnittenen Zwiebel, Möhren, Thymian, Lorbeer und Rosmarin zum Fleisch geben, mit Wasser bedecken und das Ganze 1,5 Stunden köcheln lassen. Dann die klein geschnittenen Champignons dazugeben und für weitere 20 Minuten köcheln lassen.

- In der Zwischenzeit die Mehlschwitze (roux) zubereiten: Die Butter in einem Topf schmelzen lassen. Das Mehl dazugeben und rühren. Dann ein bisschen Milch (oder Fleischbrühe) einrühren und die Masse in den Kochtopf zum Ragout geben.

- Für die Creme Eigelb, Crème fraîche und etwas Zitronensaft verrühren und direkt vor dem Servieren unterrühren. Das Gericht mit Salz und Pfeffer abschmecken und zu Reis servieren. Sie können auch gern noch 3 EL körnigen Senf einrühren.

> Diese Speise kann man ohne Mehlschwitze und Creme sehr gut einen Tag vorher zubereiten.

FÜR DAS FLEISCH

- *1 kg Kalbsgulasch (an Feiertagen auch Kalbsfilet)*
- *20 g Butter*
- *300 g Möhren*
- *2 Zwiebeln*
- *3 Nelken*
- *Thymian*
- *1 Lorbeerblatt*
- *1 TL klein gehackte Rosmarinnadeln*
- *300 g Champignons*

FÜR DIE MEHLSCHWITZE

- *40 g Butter*
- *50 g Mehl*
- *100 –120 ml Milch (oder Fleischbrühe)*

FÜR DIE CREME

- *2 Eigelb*
- *3 EL Crème fraîche*
- *Zitronensaft*
- *Salz und Pfeffer*

FÜR 4 PERSONEN
KOCHZEIT: 110 MINUTEN

Daube provençale

PROVENZALISCHES SCHMORFLEISCH

Die lange Garzeit sorgt dafür, dass das Fleisch butterzart wird und die Sauce schön dickflüssig. Einen kräftigen Rotwein und viele Kräuter – mehr braucht man nicht, um ein tolles Gericht zu zaubern.

FÜR DIE MARINADE

- *1 Flasche kräftigen Rotwein, z. B. Côtes du Rhône*
- *2 EL Olivenöl*
- *2 Knoblauchzehen*
- *2 Nelken*
- *1 Möhre, klein geschnitten*
- *1 EL Rosmarinnadeln*
- *1 EL Thymianblättchen*
- *2 EL Petersilie*
- *frisch gemahlener Pfeffer*

FÜR DAS FLEISCH

- *750 g Rindfleisch zum Schmoren*
- *4 EL Mehl*
- *30 g Butter*
- *250 g Möhren*
- *2 kleine Schalotten*
- *150 g Schinkenspeck*
- *ca. 250 ml Rotwein*
- *1 Knoblauchzehe*
- *1 Nelke*
- *1 kleines Lorbeerblatt*
- *Rosmarin*
- *Thymian*
- *Salz und Pfeffer*
- *2–3 EL Tomatenmark*
- *300 g schwarze Oliven ohne Stein*

Das Fleisch in Mehl wälzen heißt in der französischen Küche «singer» und ist ein sehr wichtiger Schritt, um eine schöne, dicke Sauce zu bekommen. Es hilft auch, das Fleisch schön knusprig zu braten.

- Für die Marinade alle Zutaten verrühren. Das Rindfleisch in 5 cm große Würfel schneiden und im Kühlschrank eine Nacht in der Marinade ruhen lassen.

- Das marinierte Fleisch durch ein Sieb abseihen (die Marinade behalten) und kurz mit einem Tuch abtrocknen. Die Fleischstückchen in ein bisschen Mehl einrollen, überschüssiges Mehl wegtupfen. Dann die Stückchen in einem Schmortopf in der Butter anbraten.

- Möhren, Schalotten und Schinkenspeck klein schneiden. Schalotten und Speck zum Fleisch geben und mitbraten, bis das Fleisch schön kross ist. Das Fleisch mit der durch ein Sieb gegossenen Marinade und dem Wein bedecken, Möhren, die angequetschte Knoblauchzehe, Nelke, Lorbeer, Rosmarin, Thymian, Salz und Pfeffer zugeben.

- Zum Schluss kommen noch Tomatenmark und Oliven dazu. Das Ganze 3 Stunden köcheln lassen. Zum Trinken empfehle ich einen kräftigen Rotwein wie Château-Neuf du Pape oder Blauer Zweigelt aus Österreich.

FÜR 4 PERSONEN **MARINIERZEIT: ÜBER NACHT** **KOCHZEIT: 3 STUNDEN**

DE BEAUCASTEL
DU PAPE

Navarin d'agneau

LAMMTOPF MIT FRÜHLINGSGEMÜSE

Bei uns gab es eine Regel: « Wer beim Essen das Lorbeerblatt bekommt, der muss abwaschen!». Es wurde dann immer beim Servieren getrickst, um das Lorbeerblatt nicht zu bekommen.

FÜR DEN LAMMTOPF

- *500 g Lammhüfte*
- *4 EL Mehl*
- *20 g Butter*
- *400 ml Weißwein (ich nehme gern Riesling)*
- *2 Schalotten*
- *100 g Schinkenspeck*
- *3 geschälte Tomaten (Fertigprodukt)*
- *150 g Navets oder Mairüben*
- *2 Möhren*
- *1 kleine Zwiebel*
- *3 Nelken*
- *1 Lorbeerblatt*
- *1 TL Rosmarin*
- *1 TL Thymian*
- *2 Knoblauchzehen*
- *150 g grüne Bohnen*
- *150 g Zuckerschoten*
- *8 Stangen grüner Spargel*
- *Salz und Pfeffer*

FÜR 4 PERSONEN
KOCHZEIT: 1,5 STUNDEN

Salz wird bei dieser Art Speise immer als Letztes dazugegeben. Man kocht mit Speck, und die Speise wird lange köcheln, sodass die Aromen intensiver werden. Man kann vorher nie wissen, wie salzig das Gericht am Ende sein wird. Den Pfeffer kann man schon vorher zugeben. Ich serviere den Lammtopf meist mit neuen Kartoffeln oder Nudeln.

- Das Lammfleisch in 4 cm große Würfel schneiden und in Mehl wälzen. Überschüssiges Mehl abschütteln oder abtupfen. Die Butter in einem Topf erhitzen und die Fleischstückchen auf jeder Seite anbraten, sodass das Fleisch schön bräunt. Mit einem Schuss Weißwein ablöschen.

- Schalotten, Schinkenspeck, Tomaten, Rüben und Möhren klein schneiden, die Zwiebel schälen und mit den Nelken spicken. Alles zusammen mit Lorbeerblatt, Rosmarin, Thymian und den angequetschten Knoblauchzehen zum Fleisch geben. Das Ganze wird dann mit dem Rest Weißwein und Wasser aufgefüllt, bis das Fleisch bedeckt ist. Den Lammtopf nun 1,5 Stunden bei schwacher Hitze köcheln lassen.

- Ungefähr 30 Minuten vor dem Servieren werden die grünen Gemüse (grüne Bohnen, Zuckerschoten und Spargel) geputzt und dampfgegart. Sie kommen für die letzten 5 Minuten noch in den großen Topf und werden kurz mit dem Fleisch geköchelt. Mit Salz und Pfeffer abschmecken.

Sie können auch viele kleine Frühlingszwiebeln (nur die Knolle) dazugeben. Schmeckt sehr lecker!

Die Kräuter kann man in
einen Teebeutel geben, um
sie später besser rausfischen
zu können. Ich tue alle
Kräuter einfach so rein.

Bœuf bourguignon

RINDFLEISCH BURGUNDER ART

Ob es sich um Bœuf bourguignon, Bœuf carotte oder Bœuf à la mode dreht, es handelt sich bei diesen drei Klassikern quasi um das gleiche Rezept. Der Unterschied liegt darin, dass das Fleisch einmal in Rotwein, die anderen Male in Gemüse- oder Rinder-Fond gegart wird. Meine Oma und meine Maman haben immer noch einen ordentlichen Schuss Cognac reingegeben. In Frankreich hat jede Hausfrau ihre persönliche Note für diese Speise: Die eine gibt Tomatenmark, die andere Orangenschalen hinzu. Die Variationen sind unendlich. Wir zu Hause mögen es traditionell und nur ab und zu wird mit Morchel oder Armagnac verfeinert. Dieses Rezept ist auch bei meinem Kind sehr beliebt. Und nach 4 Stunden Köcheln muss ich mir nicht mehr allzu viele Sorgen wegen des Alkohols machen.

Als Fleisch können Sie Gulaschfleisch nehmen, es eignet sich prima für die lange Garzeit. Die Stückchen hier im Gericht sind aber wesentlich kleiner als bei gekauftem Gulasch.

- Das Fleisch in 3–4 cm kleine Stückchen schneiden und im Mehl einrollen. Das überschüssige Mehl wegtupfen. Die Butter in einem großen Topf erhitzen und die Fleischstückchen anbraten, dabei nur wenig rühren, damit das Fleisch schön bräunen kann.

- Möhren und Schalotten schälen, die Möhren in Scheiben, die Schalotten und den Speck in Würfel schneiden. Schinkenspeck und die klein geschnittenen Schalotten zum Fleisch geben, mitbraten und bräunen lassen.

- Das Fleisch mit Rotwein und Gemüsefond bedecken, Möhren, die angequetschte Knoblauchzehe, Nelken und das Lorbeerblatt, Thymian und Rosmarin zufügen und 4 Stunden köcheln lassen.

- 10 Minuten vor dem Servieren die klein geschnittenen Champignons hineingeben. Vor dem Servieren noch mit Salz und Pfeffer abschmecken. Dazu gibt es bei uns meist Kartoffelpüree oder Nudeln.

FÜR DAS SCHMORGERICHT

- *750 g Rindfleisch: Gulasch oder Filet*
- *2 EL Mehl*
- *30 g Butter*
- *250 g Möhren*
- *2 kleine Schalotten*
- *150 g Schinkenspeck*
- *1 Flasche Rotwein, 0,7 l (ich nehme gern einen aus der Bourgogne oder einen Bordeaux)*
- *600–800 ml Gemüsefond*
- *1 Knoblauchzehe*
- *2 Nelken*
- *1 Lorbeerblatt*
- *2 EL Thymianblättchen*
- *2 EL gehackte Rosmarinnadeln*
- *300 g Champignons*
- *Salz und Pfeffer*

FÜR 4 PERSONEN
KOCHZEIT: 4 STUNDEN

Filet de bœuf en croûte

RINDERFILET IM BLÄTTERTEIGMANTEL

FÜR DAS FLEISCH

- *1 Schalotte*
- *40 g Schinkenspeck*
- *125 g Champignons*
- *30 g Butter*
- *500 g Rinderfilet*
- *100 ml Rotwein (ich nehme meist einen Bordeaux)*
- *1 TL gehackte Rosmarinnadeln*
- *1 TL Thymianblättchen*
- *1 Knoblauchzehe*
- *1 Rolle Blätterteig aus dem Kühlregal, 270 g Inhalt*
- *7–8 Scheiben geräucherter Schinken*
- *3 EL Senf*
- *1 Eigelb*
- *2 EL Milch*
- *Salz und Pfeffer*

FÜR 4 PERSONEN
BACKZEIT: 20 MINUTEN
FOTO AUF SEITE 97

Ich mag Senf mit Körnern, aber Sie können einfach Ihren Lieblingssenf verwenden. Zum Verfeinern kann man auch Waldpilze nehmen oder getrocknete Früchte wie Aprikosen oder Feigen in Kombination mit den Champignons verarbeiten.

- Geschälte Schalotte und Schinkenspeck in kleine Würfel, die Pilze in Scheiben schneiden. In einer heißen Pfanne die Butter schmelzen und das Rinderfilet ca. 4 Minuten auf jeder Seite anbraten, bis es kross und braun ist. Dann die Schalotte zugeben, das Fleisch rundum leicht salzen und pfeffern und aus der Pfanne nehmen.

- In die gleiche Pfanne den Schinkenspeck und die Champignons geben. Kurz anschwitzen lassen, dann mit 100 ml Rotwein ablöschen. Dazu kommen Rosmarin, Thymian und die angequetschte Knoblauchzehe. Das Ganze kurz einkochen lassen, bis die Konsistenz sirupartig ist, anschließend die Knoblauchzehe rausfischen.

- Den Backofen auf 200 °C Umluft vorheizen. Den Blätterteig ausrollen und 4 Scheiben Schinken in die Mitte legen (Bild 1). Darauf die Hälfte der Speck-Champignon-Masse verteilen (Bild 2), dann das Rinderfilet darauflegen (Bild 3). Das Filet wird jetzt auf allen Seiten mit reichlich Senf bestrichen. Obendrauf und drumherum kommt noch der Rest Champignonpfanne, dann mit den verbliebenen Schinkenscheiben zudecken (Bild 4).

- Das Ganze wird schön in Blätterteig eingepackt (Bild 5), mit der verquirlten Eigelb-Milch-Mischung bepinselt und geht dann für 20 Minuten auf der mittleren Schiene in den Backofen. Danach das Filet aus dem Ofen nehmen, mit Alufolie abdecken und 5 Minuten ruhen lassen.

weiter geht es auf Seite 96 …

1

2

3

4

5

Filét de bœuf en croûte

... Fortsetzung von Seite 94

Das Rinderfilet im Blätterteigmantel ist der absolute Hingucker! Es schmeckt himmlisch und sieht einfach gut aus. Ob Sie es mit Rinderfilet oder Kalbsfilet zubereiten, ist gleich; der einzig wichtige Punkt ist die Backzeit. Hier kommt noch die feine Schalotten-Rotwein-Sauce dazu.

FÜR DIE SAUCE

- *4 Schalotten*
- *20 g Butter*
- *1 EL klein gehackte Rosmarinnadeln*
- *1 Nelke*
- *1 EL Mehl*
- *250 ml Rotwein*
- *Salz und Pfeffer*

- Während der Backzeit mache ich eine kleine Schalotten-Rotwein-Sauce: Die Schalotten schälen und klein schneiden, in der gleichen Pfanne wie oben mit Butter, ein bisschen Rosmarin und der Nelke anschwitzen. Wenn die Schalotten eine schöne Farbe bekommen haben, das Mehl daraufstreuen und dann verrühren. Jetzt nur noch mit dem Rotwein ablöschen und mit Salz und Pfeffer abschmecken. 5 Minuten köcheln lassen, dann servieren. Sie können diese Sauce auch durch ein Sieb passieren und ohne Stückchen anbieten. Ich serviere dieses tolle Gericht mit viel Gemüse wie grüne Bohnen oder Möhren.

Eine Tabelle mit Brat-
zeiten für Steaks finden
Sie auf Seite 167.

Steak au poivre et à la rose

PFEFFERSTEAK MIT ROSENKNOSPEN

Ich liebe Steak mit Pfeffersauce! Da ich gern mit Blüten arbeite, habe ich mal das Experiment gemacht, Pfeffersteak mit Rose zuzubereiten – einfach raffiniert! Die Rose ist geschmacklich sehr nah am Pfeffer und bringt noch eine duftige blumige Note, die perfekt mit dem Armagnac harmoniert.

Dieses Rezept kann mit Pfeffer aller Art zubereitet werden, der rote Pfeffer muss aber frisch sein, um mehr Aroma zu geben. Die Edelpilze werden gemahlen in die Sauce gemischt, um sie zu verdicken und ihr ein besonderes Aroma zu verleihen.

FÜR DIE POMMES FRITES
- *8 Kartoffeln*
- *1 EL Rapsöl*

FÜR DAS FLEISCH
- *4 Rinderfiletsteaks (ungefähr 500 g)*
- *30 g Butter*
- *1 EL getrocknete Rosen (zum Beispiel Rosentee)*
- *3 EL frischer roter Pfeffer, ganze Beeren*
- *2 cl Armagnac oder Cognac (mind. 40 % Alkoholgehalt)*

FÜR DIE SAUCE
- *10 g getrocknete Pilze*
- *2 cl Armagnac*
- *Salz und Pfeffer*
- *3 EL Crème fraîche*

FÜR 4 PERSONEN
BACKZEIT: 20 + 15 MINUTEN

- Den Backofen auf 200 °C Ober- und Unterhitze vorheizen. Die Kartoffeln für die Pommes frites schälen und in gleichmäßige, lange Stücke schneiden. In eine Schüssel geben und gut mit dem Öl mischen. Die Pommes auf einem mit Backpapier belegten Blech verteilen und 20 Minuten bei 200 °C backen (oder mit der Grillfunktion). Ich bereite die Pommes frites vor dem Fleisch zu und lasse sie mit Alufolie bedeckt auf der unteren Schiene stehen.

- Das Fleisch in der Butter von jeder Seite kurz scharf anbraten. Dann die Rosen und die roten Pfefferbeeren zugeben und mitbraten. Nach 1 Minute einen Schuss Armagnac zugeben und flambieren (die Dämpfe mit einem langen Streichholz anzünden, nach wenigen Minuten gehen sie wieder aus).

- Das Fleisch in Alufolie einwickeln und für 15 Minuten im Backofen bei 175 °C ziehen lassen. Die getrockneten Pilze für die Sauce fein mahlen, zum Beispiel in der Moulinette, dann in die Pfanne geben, anrösten und mit einem Schuss Armagnac ablöschen. Noch 100 ml Wasser dazugeben, 7–8 Minuten köcheln lassen, bis die Sauce dickflüssig wird, dann mit Salz und Pfeffer abschmecken. Kurz vor dem Servieren die Crème fraîche in die Sauce rühren und leicht erhitzen.

Cassoulet

BOHNENEINTOPF

Ob es mit Tomate zubereitet wird, ist umstritten, auch die Fleischsorte steht nicht fest, aber mir schmeckt ein Cassoulet immer noch am besten mit konfierter (in Schmalz gegarter) Ente.

FÜR DEN BOHNENTOPF

- *400 g getrocknete weiße Bohnen*
- *1 Möhre*
- *1 Stange Bleichsellerie*
- *2 Zwiebeln*
- *2 kleine Kartoffeln*
- *3 EL Gänseschmalz*
- *4 Brühwürste zum Mitkochen*
- *300 g Kasseler*
- *150 g Schweinebauch*
- *3 EL Tomatenmark*
- *Salz und Pfeffer*
- *1 Lorbeerblatt*
- *1 EL Thymianblättchen*
- *5 Knoblauchzehen*
- *4 Wiener Würstchen*

ZUM ÜBERBACKEN

- *3 konfierte Entenschenkel (Fleischeinwaage 400 g, Fertigprodukt oder von Seite 66)*
- *4 EL Paniermehl*

FÜR 4 BIS 5 PERSONEN
KOCHZEIT: 2 STUNDEN
BACKZEIT: 30 MINUTEN

- In einem Topf die weißen Bohnen mit Wasser zum Kochen bringen, dann den Herd ausstellen und die Bohnen 10 Minuten ruhen lassen, anschließend abgießen. Möhre, Sellerie und die Zwiebeln klein schneiden, die Kartoffeln schälen.

- Möhre, Sellerie und Zwiebeln in einem großen Kochtopf mit dem Gänseschmalz braten, bis die Zwiebeln goldbraun sind. Dann Bohnen, geviertelte Kartoffeln, 4 Brühwürste, Kasseler, Schweinebauch, Tomatenmark, alle Gewürze und den angequetschten Knoblauch dazugeben. Knapp mit Wasser bedecken und 2 Stunden köcheln lassen.

- Den Backofen auf 160 °C Ober- und Unterhitze vorheizen. Den Inhalt des Kochtopfs in eine Auflaufform gießen und die Schenkel aus dem Enten-Confit obenauf geben. Mit Paniermehl bestreuen und für 30 Minuten auf der mittleren Schiene in den Backofen schieben. Kurz vor dem Servieren die 4 Wiener erhitzen und dazu anrichten. Mit einem Côtes de Bergerac oder Côtes du Rhône genießen.

Couscous

COUSCOUS MIT EINGELEGTER ZITRONE

Dies ist eins der Lieblingsgerichte in Frankreich! Ob mein Rezept sehr typisch ist, weiß ich nicht, aber es ist wie bei allen Klassikern: Jeder hat seine Variation. Das Prinzip ist einfach: viel Gemüse, ein gut gewürztes Fleisch, scharfe Rinder- oder Lammwürstchen und grobkörnigen Couscous-Weizengrieß! Dazu essen wir sehr gern eine kleine Sauce mit Harissa.

FÜR DIE EINGELEGTEN ZITRONEN

- *2 Bio-Zitronen*
- *Saft von 1 Zitrone*
- *17 g Salz*
- *125 ml Wasser*

FÜR DAS COUSCOUS

- *4 Möhren*
- *2 Zucchini*
- *1 Aubergine*
- *1 große Zwiebel*
- *8 kleine Tomaten*
- *1 gelbe Paprika*
- *1 TL rosa Pfeffer, ganze Beeren*
- *1 TL Kümmelsamen*
- *½ TL Raz-el-hanout*
- *½ TL Kurkuma*
- *¼ TL gemahlener Koriander*
- *1 TL Zimt*
- *Salz*
- *2 Knoblauchzehen*
- *1 kleine, in Salz eingelegte Zitrone (Fertigprodukt oder selbst gemacht)*

Diese Speise wird oft auf einer großen Servierplatte angerichtet; ich serviere sie aber gern in den traditionellen Tajine-Formen. Darin können Sie Gemüse und Fleisch (ohne Wurst) im Backofen schmoren lassen. Traditionell findet man dieses Rezept auch mit Lammfleisch.

- So können Sie die eingelegten Zitronen selber machen: Die Zitronen vierteln, mit allen anderen Zutaten in eine Schüssel geben und gut mischen. 10 Minuten auf höchster Stufe in der Mikrowelle kochen, dabei alle 2 Minuten rühren. Danach in einem verschließbaren Gefäß im Kühlschrank aufbewahren. Nach 24 Stunden können die Zitronen verwendet werden.

- Die Möhren schälen und wie Zucchini, Aubergine, Zwiebel, Tomaten und Paprika in große Stücke schneiden (nicht zu klein, weil das Gemüse bei der langen Kochzeit sonst zu Gemüsepüree wird). Alle Gewürze und die Knoblauchzehen in einem Mörser zerdrücken und miteinander mischen.

- Die Gemüse, 1 eingelegte Zitrone, 200 g passierte Tomaten und die Hälfte der gemörserten Gewürzmischung in einen großen Kochtopf geben, mit Wasser knapp abdecken und 25 Minuten köcheln lassen. Den Gemüsesud abgießen und aufbewahren.

- Die Hähnchenschenkel und die Würste unzerkleinert in einer Pfanne braten und den Rest der Gewürzmischung daraufstreuen.

- Grieß, Olivenöl und Salz mit einer Gabel in einer Schüssel verrühren. Das Öl soll sich schön gleichmäßig im Grieß verteilen, damit er nach dem Garen körnig bleibt. Den Grieß so mit kochendem Wasser begießen, dass das Wasser ½ cm über dem Grieß steht. Einen großen Teller auf die Schüssel stellen und den Grieß 5 Minuten ruhen lassen. Danach mit einer Gabel auflockern.

- Die gehobelten Mandeln auf einem Backblech verteilen und 3 Minuten auf Grillfunktion rösten. Die Feigen klein schneiden.

- Für die Sauce etwa 125–150 ml Gemüsesud aus Schritt 3 mit Harissa und Tomate mischen und mit Salz abschmecken.

- Auf einer großen Platte den Grieß mit dem Gemüse (ohne Kochflüssigkeit) anrichten, das Fleisch drumherum platzieren und mit den gehobelten Mandeln und den Feigen bestreuen. Die Sauce wird separat serviert und jeder kann sich nach Belieben davon nehmen. Wir trinken dazu gerne einen Roséwein aus dem Département Charente oder einen heißen Pfefferminztee.

... COUSCOUS

- *200 g passierte Tomaten, Fertigprodukt*
- *4 Hähnchenschenkel*
- *6 Merguez (scharfe Rinderwürstchen)*
- *300 g Instant-Couscous*
- *3 EL Olivenöl*
- *3 TL Salz*
- *40 g gehobelte Mandeln*
- *5 Soft-Feigen oder 1 Handvoll Rosinen*

FÜR DIE SAUCE

- *125–150 ml Gemüsebrühe (siehe 3. Arbeitsschritt)*
- *2 TL Harissa (Chili-Paste)*
- *50 g passierte Tomaten, Fertigprodukt*
- *Salz*

FÜR 4 BIS 5 PERSONEN
ZIEHZEIT ZITRONEN: 24 STUNDEN
KOCHZEIT: 25 MINUTEN
FOTO AUF SEITE 104

Kig ha farz

BRETONISCHER GEMÜSEEINTOPF

Dies ist ein Gemüseeintopf, der je nach Region anders genannt und zubereitet wird. Meine Maman machte ihn mit weißen Bohnen, aber ich mag viel lieber die bretonische Variante «Kig ha farz». In der Bouillon werden 2 Sorten Crêpes-Teig, die «Far», gekocht. Ein bisschen wie Knödel! Einer ist süß (der Far Gwenn), und der andere herzhaft (der Far Du). Kig ha farz sieht in der Regel nicht sehr schön aus, wenn man das Gemüse und das Fleisch auf einer großen Servierplatte hinstellt. Aber es ist soooo vorzüglich, dass ich probiert habe, es chic anzurichten, um Euch Lust zu machen, diese Speise auszuprobieren. Es ist auf jeden Fall einen Versuch wert! Ich habe also die Far in Scheiben geschnitten und Kreise ausgestochen und mit einem Servierring etagenweise Far, Porree, Möhren und Wirsing gestapelt. Oben drauf kamen Fleischstückchen und Wurst, das Ganze mit Sauce beträufelt. So sieht es lecker und chic aus!

FÜR DEN EINTOPF

- *1 Stange Porree*
- *4 große Möhren*
- *½ Wirsing*
- *1 Zwiebel*
- *3 Nelken*
- *650 g gepökelte Schweineschulter (alternativ Eisbein oder Kasseler)*
- *3 Wiener Würstchen*
- *1 kleines Stück Rindermarkknochen (optional)*
- *250 g Schweinebauch*
- *2 Lorbeerblätter*
- *Salz und Pfeffer*

Dies ist mein absolutes Lieblingsgericht! Und nicht zu vergessen ist die kleine Sauce, «Lipig», aus Zwiebel, viel Butter und Zitrone. Was braucht man mehr?! Ach ja, ein schönes Glas Cidre!

- Porree, Möhren und Wirsing putzen. Den Wirsing in 6 Teile schneiden, Porree und Möhren in 5 cm lange Stücke. 1 Zwiebel mit Nelken spicken. Das Gemüse, Fleisch, Würstchen und Gewürze in einen sehr großen Kochtopf geben, mit Wasser bedecken und 1,5 Stunden köcheln lassen.

- In der Zwischenzeit werden die beiden Far-Teige zubereitet, indem man jeweils alle Zutaten zusammenmischt. Dann braucht man zwei sehr dünne Tücher (z. B. Windeltücher). Jedes Tuch wird in einer Schüssel ausgebreitet, der Far-Teig jeweils hineingegossen, die Zipfel des Tuchs mit einem Faden zusammengebunden. Die so entstandenen Säckchen werden dann noch 45 Minuten im großen Kochtopf in der Bouillon mitgeköchelt.

- Für die Sauce die Zwiebeln in kleine Stückchen schneiden und in einem kleinen Topf mit der Hälfte der Butter braten. Wenn sie schön braun sind, kommt bei schwacher Hitze der Rest Butter, Salz, Pfeffer und der Zitronensaft hinzu.

- Nach der Kochzeit werden Gemüse und Fleisch aus dem Eintopf rausgefischt, die Far von ihren Tüchern befreit und alles wird zusammen auf einer großen Servierplatte angerichtet. Far Du kann zerkrümelt, Far Gwenn in Scheiben geschnitten werden. Alles mit Sauce begießen und servieren.

FÜR FAR GWENN

- *125 g Buchweizenmehl*
- *1 Ei, Größe M*
- *1 Prise Salz*
- *125 ml Milch*
- *1 EL Naturjoghurt*
- *30 g geschmolzene Butter*

FÜR FAR DU

- *125 g Weizenmehl Type 405*
- *1 Ei, Größe M*
- *150 ml Milch*
- *1 Prise Salz*

FÜR DIE SAUCE

- *2 Zwiebeln*
- *90 g Butter*
- *Saft von ½ Zitrone*
- *Salz und Pfeffer*

FÜR 4 BIS 5 PERSONEN
KOCHZEIT:
90 + 45 MINUTEN
FOTO AUF SEITE 105

Carbonade flamande

FLÄMISCHES BIERGULASCH

Das perfekte französische Rezept für Deutsche! Im Norden von Frankreich ist dieses Gericht mit Bier und Lebkuchen sehr beliebt und schmeckt wie Weihnachten. Die Scheiben Lebkuchen werden mit Senf bestrichen und kommen in den Topf! Das Ganze wird langsam geköchelt, bis die Sauce schön dick ist und man sie mit Brot essen kann.

FÜR DAS GULASCH

- *3 Zwiebeln*
- *600 g Rindergulasch*
- *30 g Butter*
- *1 EL Vergeoise (Karamellzucker)*
- *1 EL Weinessig*
- *1 EL Mehl*
- *300 ml Rinderfond*
- *0,35 l dunkles Bier*
- *1 Nelke*
- *1 kleines Bouquet garni (Strauß gemischter Kräuter)*
- *6 Scheiben Lebkuchen*
- *1 großer EL scharfer Senf*
- *Salz und Pfeffer*

FÜR 4 BIS 5 PERSONEN
KOCHZEIT: 2,5 STUNDEN

Vergeoise ist ein mit Karamell aromatisierter Zucker mit einem leicht bitteren Geschmack. Sie können ihn durch weißen Zucker ersetzen, der trocken in einer Pfanne karamellisiert wird.

- Die Zwiebeln in dünne Scheiben, das Fleisch in ca. 5 cm kleine Stücke schneiden. Das Fleisch mit der Butter in einem großen Kochtopf anbraten und bräunen. Dann kommen die Zwiebeln dazu. Wenn sie schön angeschwitzt sind, den Karamellzucker zugeben und rühren, bis die Zuckerkristalle sich aufgelöst haben. Anschließend mit Weinessig ablöschen.

- Um die Sauce zu binden, wird jetzt das Mehl darübergestreut und dann ordentlich verrührt. Für die Sauce gießen wir jetzt Rinderfond und Bier hinein und geben die Nelke und das Kräutersträußchen dazu. Die Lebkuchenscheiben mit Senf bestreichen und auf dem Gericht platzieren. Mit einem Deckel abdecken und mindestens 2,5 Stunden bei sanfter Hitze köcheln lassen. Mit Salz und Pfeffer abschmecken.

Das Biergulasch schmeckt am besten mit Weihnachts-Spezial-Bier, aber ich überlasse es Ihnen lieber selber, Ihre Lieblingssorte zu nehmen!

Choucroute

SAUERKRAUTTOPF MIT EISBEIN UND KASSELER

Um Choucroute zu machen, braucht man verschiedene Fleischstücke, Sauerkraut und einen guten Riesling. Der Rest ist einfach eine Frage der Zusammenstellung und des Geschmacks. Es gibt viele Variationen. Wer das Gericht «königlich» mag, bereitet es mit Champagner zu. Im Elsass wird es manchmal mit Enten-Confit verfeinert und ich kenne auch manche Bretonin, die es mit Fisch zubereitet!

FÜR DEN EINTOPF

- *1,5 kg Sauerkraut*
- *3 Zwiebeln*
- *1 Möhre*
- *1,5 kg Kartoffeln*
- *800 g Schinkenspeck*
- *20 g Butter*
- *15 Wacholderbeeren*
- *2 EL Kümmelsamen*
- *1 kg gepökeltes Eisbein*
- *400 g Kasseler*
- *5 Brühwürste zum Mitkochen*
- *1 Lorbeerblatt*
- *3 Nelken*
- *1 l Riesling*
- *Salz und Pfeffer*
- *8 Wiener Würstchen*

FÜR 4 PERSONEN
KOCHZEIT: 1 STUNDE

Im Alltag koche ich dieses Gericht sehr gern in einem Schnellkochtopf und reduziere somit die Kochzeit auf 30 Minuten. Wenn es festlicher werden soll, schichte ich die Choucroute lieber in einer Terrinenform und gare sie für 2 Stunden im Backofen bei 210 °C Ober-und Unterhitze. Danach werden die Würste und die Kartoffeln zugegeben und für weitere 40 Minuten gebacken. Die Wiener werden separat gekocht.

- Das Sauerkraut in einem Sieb unter Leitungswasser kurz waschen, dann fest auspressen. Die Zwiebeln klein schneiden, die Möhre in kleine Würfel schneiden. Die Kartoffeln schälen und halbieren. Den Schinkenspeck grob würfeln. Das ausgedrückte Sauerkraut mit der Möhre mischen.

- In einem großen Topf die Zwiebeln in der Butter kurz anschwitzen, dann den Schinkenspeck zugeben. Jetzt wird geschichtet: Die Hälfte des Möhren-Sauerkrauts auf den Speck legen. Die Hälfte der Wacholderbeeren und des Kümmel sowie ein bisschen Pfeffer daraufgeben. Dann Eisbein und Kasseler auflegen. 1 Brühwurst halbieren und mit der Hälfte der Kartoffeln um das Fleisch verteilen. Darauf kommt das restliche Möhren-Sauerkraut und darauf die restlichen Wacholderbeeren, Kümmel, Nelken und Lorbeerblatt. Mit Salz und Pfeffer bestreuen. Mit Riesling auffüllen, den Deckel auflegen und 1 Stunde köcheln lassen.

- Nach 30 Minuten kommen noch die Kartoffeln und die Brühwürste obendrauf, und kurz vor dem Servieren werden die Wiener darin erhitzt.

Hachis Parmentier

KARTOFFEL-HACKFLEISCH-AUFLAUF

In Frankreich lieben wir diesen Auflauf. Es ist ein typisches Familienessen. Heutzutage als Maman bereite ich es selbstverständlich auch zu. Ich habe es (wie alle französischen Mamans) als Geheimwaffe entdeckt. Man kann eigentlich fast alle unbeliebten Gemüse darin verstecken und es schmeckt immer himmlisch. Also wenn wir Besuch von kleinen Kinder haben, die zum Beispiel keine (AUF KEINEN FALL!) Zucchini essen, reibe ich einfach eine ganze Zucchini in die Pfanne und brate sie mit dem Hackfleisch! Und Abracadabra! Versteckt! Die Kinder haben es bis jetzt immer gegessen und geschworen, dass ihre Mama nicht so gut kochen kann!

FÜR DAS KARTOFFELPÜREE

- *800 g Kartoffeln*
- *60 g Butter*
- *350–400 ml Milch*
- *Salz und Pfeffer*
- *frisch geriebene Muskatnuss*

FÜR DAS HACKFLEISCH

- *2 große Zwiebeln*
- *2 große Möhren*
- *150 g Champignons*
- *600 g Rinderhackfleisch*
- *20 g Butter*
- *Salz und Pfeffer*
- *150 g Emmentaler (optional)*

FÜR 4 BIS 5 PERSONEN
KOCHZEIT: 20 MINUTEN
BACKZEIT: 10 MINUTEN

Dieser Auflauf ist auch ein Lieblingsgericht meines Mannes. Für ihn bereite ich ihn sehr oft mit Enten-Confit statt mit Rinderhackfleisch zu und verfeinere ihn mit Waldpilzen statt der Champignons. Dazu noch ein Schuss Rotwein oder Cognac in die Bratpfanne – et voilà, da habt Ihr schon ein ganz anderes Rezept gezaubert!

- Die Kartoffeln in der Schale weich kochen. Zwiebeln und Möhren schälen. Die Möhren raspeln, Zwiebeln und Champignons klein schneiden. Das Hackfleisch mit 20 g Butter in der Pfanne kurz anbraten, Zwiebeln, Möhren und Champignons dazugeben. Das Ganze braten, bis alle Zutaten schön braun sind, mit Salz und Pfeffer abschmecken.

- Die gekochten Kartoffeln schälen und mit 60 g Butter und Milch zu Püree zerstampfen. Denken Sie aber daran, das Püree nicht zu fest zu bereiten, weil es beim Backen noch trockener wird. Mit Salz, Pfeffer und Muskat nach Geschmack würzen.

- Das Fleisch in einer Auflaufform verteilen und oben drauf das Kartoffelpüree verstreichen. Als Verfeinerung kann man den Auflauf noch mit geriebenem Emmentaler bestreuen (das mag mein Kind besonders gern und es hebt die «Kruste» immer bis zum Schluss auf). 10 Minuten im vorgeheizten Backofen bei 220 °C oder mit der Grillfunktion überbacken.

Tartiflette

KARTOFFEL-KÄSE-AUFLAUF

Ein schönes Wintergericht aus den Alpen. Für den cremigen Geschmack sollte nur Reblochon, ein cremiger Bergkäse, verwendet werden. Es kommt weder Sahne noch Crème fraîche hinzu, nur die Verbindung des schmelzenden Käses mit dem Wein gibt der Speise diese unvergleichliche Textur.

FÜR DEN AUFLAUF

- *900 g festkochende Kartoffeln*
- *400 g Schinkenspeck*
- *5 Schalotten*
- *2 Knoblauchzehen*
- *Salz und Pfeffer*
- *150 ml trockener Weißwein*
- *1 Reblochon (circa 400 g–500 g) oder ein anderer cremiger Käse*

FÜR 6 PERSONEN
KOCHZEIT: 20 MINUTEN
BACKZEIT: 20 MINUTEN

Als Alternative zum Reblochon empfehle ich einen cremigen, weichen Bergkäse. Er sollte schön reif sein, um das Gericht gut zu aromatisieren.

- Die Kartoffeln ungeschält 20 Minuten kochen. Den Schinkenspeck klein schneiden, die Schalotten schälen und in Scheiben schneiden. Schinkenspeck und Schalotten in der Pfanne braten. Die gegarten Kartoffeln schälen und in Scheiben schneiden.

- Eine Auflaufform mit 1 Knoblauchzehe ausreiben. Die Hälfte der Kartoffelscheiben auf den Boden geben, darauf die Hälfte der Schalotten-Speck-Mischung, dann wieder Kartoffeln und zum Abschluss wieder Speck-Schalotten. Jede Schicht mit Salz und Pfeffer würzen. Den Backofen auf 200 °C Ober- und Unterhitze vorheizen.

- Den Wein zum Auflauf gießen. Den Reblochon halbieren (damit das Innere besser auslaufen kann) und beide Hälften auf den Auflauf legen. Das Ganze auf der mittleren Schiene für 20 Minuten schmoren und gratinieren lassen.

Les Poissons

FISCHGERICHTE

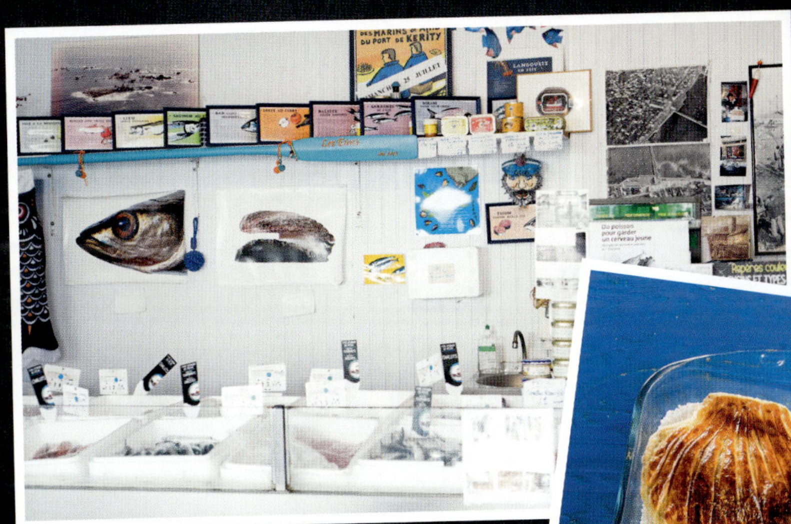

Bouillabaisse et rouille

FISCHSUPPE MIT SAFRAN-CREME

In Deutschland habe ich sehr viel Mühe, alle meine Lieblingsfische zu bekommen. Ich habe lange daran gearbeitet und endlich habe ich mein Rezept für eine Bouillabaisse, die ich in Deutschland zubereiten kann. Sie wurde schon auf meinem Blog veröffentlicht und ich teile sie heute mit Euch! Sie schmeckt fast wie in Marseille und lässt sich im Sommer auf der Terrasse super genießen! Aber bitte die Rouille nicht vergessen! Dieses Rouille-Rezept ist meine Spezialversion. Ich habe mich nicht an die traditionelle Rezeptur gehalten, sondern etwas entwickelt, was für mich geschmacklich noch besser zur Suppe passt!

FÜR DIE MARINADE

- *1 Schalotte*
- *1 kleine Knoblauchzehe*
- *50 ml Olivenöl*
- *Salz*
- *¼ TL Safran*
- *2 Messerspitzen Piment d'Espelette (fruchtig-aromatisches Chilipulver)*

FÜR MEINE ROUILLE

- *1 Eigelb*
- *1 dicke Knoblauchzehe*
- *1–2 Messerspitzen gemahlener Safran*
- *Salz und Pfeffer*
- *125 ml Olivenöl*

In Frankreich wird zunächst die Suppe mit Rouille gegessen, als zweiten Gang gibt es dann den Fisch mit den Kartoffeln. Ich esse aber gerne alles zusammen – jeder macht es eben so, wie es ihm am besten schmeckt.

- Für die Marinade die Schalotte schälen und in Scheiben schneiden, die ungeschälte Knoblauchzehe anquetschen. Alle Zutaten miteinander verrühren und die Fischfilets eine Nacht darin marinieren.

- Für die Rouille das Eigelb mit der zerdrückten Knoblauchzehe, 1 Messerspitze Safran, 2 Prisen Salz und 2 ordentliche Prisen Pfeffer vermischen. Jetzt das Olivenöl peu à peu dazugeben und dabei mit einem kleinen Schneebesen oder einer Gabel fleißig schlagen – OHNE aufzuhören! – bis die Masse schön cremig ist. Mit Salz und Pfeffer abschmecken. Man kann auch eine zweite Messerspitze Safran dazugeben, aber vorsichtig sein, zu viel Safran macht es bitter!

- Das Gemüse für die Bouillabaisse vorbereiten und klein schneiden. Alle Gemüse bis auf die Schalotten und die Kartoffeln mit etwas Olivenöl in einem großen Kochtopf anbraten. Dann mit 200 ml Weißwein ablöschen und 10 Minuten köcheln lassen.

- Jetzt die ganzen Fische zugeben, dazu kommen noch die klein geschnittenen Schalotten, Kartoffeln, Salz, Piment d'Espelette und Safran, der zerdrückte Knoblauch, Nelken, Lorbeerblatt, Rosmarin, Thymian und Tomatenmark. Das Ganze mit Wasser bedecken und 45 Minuten köcheln lassen.

- Kurz vor dem Servieren die ganzen Fische aus der Suppe herausnehmen und filetieren. Wer mag, kann wie ich die Hälfte dieser Filets braten und bis zum Servieren beiseitestellen. Die Hälfte der marinierten Filets werden trocken getupft und ebenfalls gebraten, ca. 2 Minuten pro Seite.

- Kartoffeln, Nelken und das Lorbeerblatt aus der Suppe fischen. Die Suppe wird jetzt noch püriert und durch ein Sieb passiert, um eine schöne glatte Suppe zu bekommen. Dann gibt man die restlichen marinierten Filets hinein und kocht sie ca. 5 Minuten. Jetzt wird serviert:

- Die Kartoffeln werden mit den Filets der ganzen Fische auf einem Servierteller platziert. Die Suppe wird mit den marinierten Filets serviert und pro Portion mit einen Klecks Rouille verfeinert. Ich serviere die Bouillabaisse gern noch mit Croûtons oder mit Knoblauch eingeriebenen Baguettescheiben.

FÜR DIE BOUILLABAISSE

- *6-7 Tomaten*
- *3 Möhren*
- *1 Stange Porree*
- *1 Fenchel*
- *200 g grüne Bohnen*
- *Olivenöl*
- *200 ml trockener Weißwein*
- *1 Dorade, 400–500 g*
- *1 Wolfsbarsch, 300–400 g*
- *350 g Kabeljaufilet, küchenfertig*
- *400 g Rotbarschfilet, küchenfertig*
- *3 große Schalotten*
- *300 g Kartoffeln*
- *Salz*
- *½–1 TL Piment d'Espelette*
- *1 TL Safran*
- *2 kleine Knoblauchzehen*
- *5 Nelken*
- *1 Lorbeerblatt*
- *1 EL klein gehackte Rosmarinnadeln*
- *1 EL Thymianblättchen*
- *2 EL Tomatenmark*

FÜR 4 PERSONEN
MARINIERZEIT: ÜBER NACHT
KOCHZEIT: 45 MINUTEN
FOTO AUF SEITE 120

Vol-au-vent de la mer

KÖNIGLICHE FISCH-PASTETE

Als kleines Kind habe ich es geliebt, diesen knusprigen Blätterteig mit Sauce und Fleisch zu füllen. Die Blätterteig-Türmchen (Pasteten) kaufe ich oft fertig, dann brauche ich nur noch die Fischcreme zu kochen. Perfekt, wenn man einen Rest Suppe hat, dann geht die Zubereitung noch schneller!

FÜR DIE PASTETEN

- *1 Schalotte*
- *1 Möhre*
- *150 g Champignons*
- *250 g Lachsfilet*
- *1 Eigelb*
- *2 EL Milch*
- *100 g Garnelen ohne Schalen*
- *30 g Butter*
- *100 ml Weißwein, trocken*
- *1 Nelke*
- *1 Rolle Blätterteig aus dem Kühlregal, 270 g*

FÜR DIE BÉCHAMELSAUCE

- *50 g Butter*
- *2 EL Mehl*
- *200 ml Milch*
- *300–400 ml heiße Gemüsebrühe*
- *Muskatnuss*
- *Salz und Pfeffer*

FÜR 4 PERSONEN
BACKZEIT:
15–17 MINUTEN
FOTO AUF SEITE 121

- Schalotte und Möhre schälen und klein schneiden. Die Möhre 5 Minuten in Salzwasser kochen. Die Pilze in Scheiben, das Fischfilet in Stückchen schneiden. Eigelb und Milch miteinander verquirlen.

- In einer Pfanne die Lachsstückchen mit den Garnelen in Butter anbraten und bräunen. Die Schalotte zugeben und anschwitzen, mit Weißwein ablöschen. Pilze und Nelke zugeben und 5 Minuten köcheln lassen.

- Den Blätterteig ausrollen und mit einer Ausstechform 8 Kreise von 8 cm Durchmesser ausstechen. Aus der Hälfte dieser Kreise wird mit einer 4-cm-Ausstechform die Mitte ausgestochen. Die dabei entstandenen Ringe werden auf die großen Kreise gelegt (Bild 1 und 2).

- Den Backofen auf 190 °C Umluft (210 °C Ober- und Unterhitze) vorheizen. Die großen Teigkreise mit aufgelegtem Ring und die kleinen Kreise werden auf ein mit Backpapier belegtes Blech gelegt, mit Ei-Milch bepinselt und für 15–17 Minuten auf der mittleren Schiene gebacken (Bild 3).

- Für die Béchamelsauce die Butter schmelzen und das Mehl darin anschwitzen. Die Milch unter ständigem Rühren nach und nach zugeben, dann die Gemüsebrühe ebenso einarbeiten. Wenn die Sauce schön sämig ist, mit Muskatnuss, Salz und Pfeffer abschmecken.

- Die Lachs-Garnelen-Pfanne in die Sauce geben und verrühren, dann in die Blätterteig-Türmchen umfüllen, den Deckel aufsetzen und mit ein bisschen Reis servieren.

1

2

Für die Kinder steche ich manchmal kleine Dinos oder Autos aus dem Blätterteig aus und verziere die Deckel damit.

3

Sole meunière

SCHOLLE MÜLLERINNEN ART

Ein Klassiker – aber immer ein sicheres Rezept. Ich mag die Petersiliensauce zu diesem Rezept. Traditionellerweise wird die Scholle aber mit klein gehackter Petersilie bestreut.

FÜR DEN FISCH

- *2 Schollenfilets*
- *4 EL Mehl*
- *80 g Butter*
- *Zitronensaft*

FÜR DIE PETERSILIENSAUCE

- *1 Bund Petersilie*
- *50 g Butter*
- *1 EL Olivenöl*
- *1–2 TL Zitronensaft*
- *Salz und Pfeffer*

FÜR 2 PERSONEN

Als Beilage mag ich saftige Tomaten à la provençale: Den oberen Teil der Tomate abschneiden, mit ein bisschen Paniermehl, Petersilie und Salz bestreuen und 8 Minuten im Ofen bei 180 °C überbacken.

- Die Schollenfilets mit einem Tuch abtrocknen und mit Mehl bestäuben. In einer Pfanne die Butter erhitzen, und die Filets zuerst 3 Minuten auf der Hautseite braten, dann 3 Minuten auf der anderen Seite. Fleißig die heiße Butter mit einem Löffel auf die Filets gießen. Am Ende kommen noch Salz und Pfeffer dazu.

- Für die Sauce die Petersilienblättchen abzupfen. Die Butter in einem Topf erhitzen, bis sie braun wird. Petersilie, Olivenöl und Zitronensaft zugeben und pürieren, bis eine schöne Creme entsteht. Mit Salz und Pfeffer abschmecken.

- Die Petersiliensauce mit einem Pinsel auf den Tellern verstreichen (dressieren) und die Schollenfilets darauflegen. Diese noch mit etwas Zitronensaft verfeinern und die braune Butter aus der Fischpfanne darübergießen.

Terrine de poissons

FISCHTERRINE MIT WEISSWEIN-BUTTER-SAUCE

Dies ist eine sehr schöne und sanfte Art, Fisch zu essen. Das Gericht sieht edel aus, ist aber auch perfekt für Kinder, weil es keine Gräten enthält. Uns schmeckt die feine Sauce mit ihrem «leichten» Geschmack am besten dazu … man könnte fast die Kalorien vergessen …

- Die Schalotten klein schneiden. Zunächst den Lachs mit 1 Schalotte, 1 Eiweiß und 30 g Crème fraîche pürieren, dann den Zander.

- Den Backofen auf 170 °C Umluft (!) vorheizen. Die Petersilie klein schneiden und mit dem Zanderpüree vermischen. Beide Pürees mit Salz und Pfeffer würzen. Zuerst das Zanderpüree in die Form geben, darauf das Lachspüree. Die Form auf ein tiefes Backblech stellen und 3 cm hoch Wasser in das Blech gießen. Die Terrine 20–25 Minuten auf der mittleren Schiene backen.

- Für die Sauce «Sauce au beurre blanc» die Schalotte klein schneiden und in einem Topf mit Weißwein kochen lassen, bis die Schalotte glasig ist, das dauert ca. 8 Minuten. Dann die Butter peu à peu dazugeben und immer gut rühren, bis die Konsistenz schön cremig wird. Mit 2 EL Zitronensaft, Salz und Pfeffer abschmecken und durch ein Sieb passieren. Wir essen gerne Reis dazu. Wird die Terrine als Vorspeise serviert, reicht man nur einen Salat dazu.

Als Kräuter für die Fischcreme können auch Dill, Koriander oder kleine Stückchen Frühlingsgemüse wie Möhren oder Zuckerschote verwendet werden.

FÜR DIE TERRINE
- *2 kleine Schalotten*
- *150 g Lachsfilet*
- *150 g Zanderfilet*
- *2 Eiweiß*
- *60 g Crème fraîche*
- *1 Bund Petersilie*
- *Salz und Pfeffer*

FÜR DIE SAUCE
- *1 Schalotte*
- *100 ml trockener Weißwein (Sancerre, Chablis)*
- *100 g Butter*
- *2 EL Zitronensaft*
- *Salz und Pfeffer*

AUSSERDEM
- *1 Terrinenform*

FÜR 2 PERSONEN
BACKZEIT: 20–25 MINUTEN

Tourte au saumon et au champagne

Man kann auch schöne Formen aus dem Blätterteig ausstechen und die Torte damit verzieren.

LACHS-CHAMPAGNER-TORTE

Ich arbeite gern mit Sekt oder Champagner in der Küche. Damit ist gemeint, dass ich ihn zum Kochen benutze, aber selbstverständlich auch zum Trinken. Sie brauchen also eine Flasche von Ihrem Lieblingssekt oder -champagner, und nur 1 Glas davon wird zum Kochen genommen.

FÜR DIE TORTE

- *100 g tiefgekühlter Blattspinat*
- *1 Zwiebel*
- *1 Möhre*
- *2 Lachsfilets, ca. 300 g*
- *80 g Garnelen ohne Schale*
- *1 Nelke*
- *1 TL klein gehackte Rosmarinnadeln*
- *1 kleines Lorbeerblatt*
- *200 ml Champagner oder halbtrockener Sekt*
- *100 g Crème fraîche*
- *Salz und Pfeffer*
- *1 Prise Muskatnuss*
- *250 g griechischer Joghurt*
- *2 Blätterteigrollen aus dem Kühlregal*
- *1 Eigelb*
- *2 EL Milch*

AUSSERDEM

- *Tarte- oder Quicheform, 26 cm Durchmesser*

- Den tiefgekühlten Spinat auftauen und in einem Sieb abtropfen lassen. Zwiebel und Möhre schälen und klein schneiden. Die Möhre 4–5 Minuten in Salzwasser kochen.

- Die Lachsfilets in große Stücke schneiden, in einer Pfanne zusammen mit Garnelen, Zwiebel, Nelke, Rosmarin und Lorbeerblatt kurz braten, dann mit dem Champagner ablöschen. Die Möhre zugeben und alles köcheln lassen, bis der Champagner fast vollständig verdampft ist. Nelke und Lorbeerblatt herausfischen.

- In einer Schüssel den abgetropften Spinat mit 50 g Crème fraîche mischen, mit Salz, Pfeffer und Muskatnuss würzen.

- In einer anderen Schüssel den Joghurt mit den restlichen 50 g Crème fraîche mischen und die Fischpfanne (ohne Nelke und Lorbeerblatt) zugeben. Das Ganze noch mit ein bisschen Pfeffer abschmecken.

- Den Backofen auf 190 °C Ober- und Unterhitze vorheizen. 1 Rolle Blätterteig in einer Tarte- oder Quicheform ausbreiten. Zuerst die Spinat-Mischung auf dem Teig verteilen, dann die Fischmasse. Verschlossen wird es mit dem zweiten Blätterteig. Mit einer Gabel kleine Löcher in die obere Teigschicht stechen, damit beim Backen die Luft entweichen kann. Die Torte mit einer Mischung aus Eigelb und Milch bepinseln und für 45–50 Minuten auf der mittleren Schiene backen.

FÜR 6 PERSONEN **BACKZEIT: 45–50 MINUTEN**

Moules marinières

MUSCHELN IN WEISSWEIN

Wenn wir in der Bretagne sind, müssen wir immer Moules essen. Ich habe sie schon in sooo vielen verschiedenen Zubereitungsarten gegessen, dass ich mich kaum für eine entscheiden kann. In Deutschland besorge ich mir immer die Miesmuscheln aus dem Tiefkühlregal. Für die Zubereitung nehme ich oft einen trockenen Riesling. Aber ich habe es auch schon mal mit Bier probiert und es war fabelhaft.

FÜR DIE MUSCHELN

- *800 g frische Muscheln*
- *300 ml Weißwein*
- *1 Schalotte*
- *200 g Sahne*
- *1 Bund Petersilie*
- *Pfeffer*

FÜR 2 PERSONEN
KOCHZEIT: 10 MINUTEN

Die Muscheln sind nur dann frisch, wenn die Schalen vor dem Kochen geschlossen sind. Von offenen Muscheln sollte man die Finger lassen!

- Die Muscheln gründlich putzen und in einen heißen Kochtopf geben. Den Wein zugießen und 5 Minuten köcheln lassen.

- Die klein geschnittene Schalotte dazugeben und weitere 3 Minuten kochen. Danach die Sahne hinzufügen und weitere 2 Minuten köcheln. Kurz vor dem Servieren die klein geschnittene Petersilie und etwas Pfeffer zufügen. Nach Geschmack kann man auch mit Curry oder Chili würzen.

Eine Übersicht der französischen Muschelarten und ihrer Verwendung finden Sie auf Seite 169.

Quenelles de brochet

HECHTKLÖSSCHEN MIT LANGUSTEN-SAUCE

Die Quenelles können wie hier beschrieben zubereitet werden, sie können aber auch in kleine Scheiben geschnitten und kurz in einer Pfanne angebraten werden. Dazu gibt es dann eine Ratatouille oder einen Salat.

FÜR DIE FISCHKLÖSSE

- *300 g Hechtfilet ohne Gräten*
- *3 Eier*
- *35 g Crème fraîche*
- *120 g geschmolzene Butter*
- *1 Messerspitze Piment d'Espelette (fruchtig-aromatisches Chilipulver)*

FÜR DIE SAUCE

- *40 g Butter*
- *1 EL Mehl*
- *ml Milch*
- *200 ml Langusten- oder Garnelenfond, Fertigprodukt (Fischgeschäft oder Feinkostladen)*
- *2 EL Crème fraîche*
- *1 TL Cognac*
- *Salz und Pfeffer*

AUSSERDEM

- *Auflaufform*

FÜR 4 PERSONEN
KÜHLZEIT: 2 STUNDEN

- Den Fisch mit den Eiern und Crème fraîche ganz fein pürieren. Dann in einer Schüssel mit der geschmolzenen Butter mischen und mit Piment d'Espelette würzen. Die Mischung für 2 Stunden in den Kühlschrank stellen.

- Einen großen Kochtopf zu $2/3$ mit Salzwasser füllen und zum Kochen bringen. 3 EL Fischmasse auf einem breiten Stück Frischhaltefolie platzieren. Die Fischmasse mit der Folie zusammenrollen und an den Seiten verknoten. Es soll wie eine Wurst aussehen. Diese kleinen Fisch-Würstchen 10 Minuten in dem Salzwasser kochen. Dann die Pakete rausnehmen, die Folie entfernen und die Quenelles beiseitestellen.

- Für die Sauce die Butter schmelzen, das Mehl darin anschwitzen. Dann nach und nach die Milch zugeben und immer fleißig rühren, um Klümpchen zu vermeiden. Nun den Fond zugeben und die Sauce rühren, bis sie dickflüssig wird. Anschließend Crème fraîche, Cognac, Salz und Pfeffer zugeben.

- Den Backofen auf 190–200 °C Ober- und Unterhitze vorheizen. $2/3$ der Sauce in eine Auflaufform gießen und die vorgegarten Quenelles darauf drapieren. Den Rest der Sauce auf die Fischklößchen geben. Die Form 10 Minuten auf der mittleren Schiene in den Backofen stellen und gratinieren. Bei uns wird dazu Reis serviert.

Statt mit Sauce servieren viele Franzosen die Fischklößchen mit Garnelenbutter: Gleiche Teile Butter mit püriertem Garnelenfleisch mischen und mit Salz und Pfeffer würzen.

Cocquille Saint-Jacques: 4 variations

JAKOBSMUSCHEL – 4 VARIATIONEN

Bei meiner Maman gab es zu Feiertagen oft gratinierte Jakobsmuscheln. Es gibt verschiedene Rezeptvarianten, die ich alle so gern mag, dass ich mich nicht für eine entscheiden kann. Deshalb gibt es hier drei Varianten: mit Blätterteig, mit Béchamelsauce und mit Käse überbacken!

FÜR DAS PORREEGEMÜSE

- *300 g Porree*
- *1 Zwiebel*
- *20 g Butter*
- *100 ml Weißwein (ich nehme Sancerre oder Chablis)*
- *Salz und Pfeffer*

FÜR DIE BÉCHAMELSAUCE

- *30 g Butter*
- *25 g Mehl*
- *150 ml Gemüsefond*
- *100 ml Milch*
- *Salz und Pfeffer*
- *Muskatnuss*

Sie können die Muscheln als Vorspeise servieren, bei uns gibt es sie aber gern als Hauptgericht, dann reiche ich Reis und Gemüse dazu.

- Porree und Zwiebel putzen, klein schneiden und in einem Topf mit der Butter anschwitzen. Mit Weißwein ablöschen, dann mit Deckel 10 Minuten auf schwacher Hitze köcheln lassen. Mit Salz und Pfeffer abschmecken.

- Für die Sauce in einem anderen Topf die Butter schmelzen, das Mehl darin anschwitzen und unter ständigem Rühren den Fond und die Milch peu à peu dazugeben. Die Béchamel rühren (Bild 1), bis sie dickflüssig wird (Bild 2), mit Salz, Pfeffer und Muskatnuss abschmecken (Bild 3).

- Die Jakobsmuscheln in einer Pfanne in Butter scharf anbraten, 30 Sekunden auf jeder Seite. Den Backofen auf 190 °C Ober- und Unterhitze (Umluft 170 °C) vorheizen.

Das Muschelmuster im Teig habe ich mit einer Gabel «eingezeichnet», siehe Seite 117.

1

2

3

- Den Blätterteig halbieren, Eigelb und Milch verquirlen.
  - ➤ Für die erste Variante 1 Muschel mit etwas Porreegemüse und etwas Porreesud in Blätterteig wickeln, mit Ei-Milch bepinseln. In eine Muschelschale oder Auflaufform legen.
  - ➤ Für die zweite Variante 1 Muschel mit etwas Porreegemüse und ⅓ der Béchamelsauce in Blätterteig wickeln, ebenfalls mit Ei-Milch bepinseln. In eine Muschelschale oder Auflaufform legen.
  - ➤ Für die dritte Variante gibt man etwas Porreegemüse und ⅓ der Béchamel in Schale oder Förmchen, darauf kommen 1 Muschel und der geriebene Käse.
  - ➤ Für die vierte Variante gibt man 1 Muschel mit ⅓ der Béchamelsauce in die Schale.

- Alle Varianten kommen nun für 8–10 Minuten zum Überbacken in den Backofen (mittlere Schiene). Vor dem Servieren mit gehackter Petersilie bestreuen.

FÜR DIE MUSCHELN
- *4 große Jakobsmuscheln ohne Schale, frisch oder tiefgekühlt*
- *20 g Butter*
- *½ Rolle Blätterteig aus dem Kühlregal*
- *1 Eigelb*
- *2 EL Milch*
- *20 g Emmentaler, frisch gerieben*
- *Petersilie zum Bestreuen*

AUSSERDEM
- *4 Schalen der Jakobsmuschel oder kleine Auflaufförmchen*

FÜR 4 PERSONEN
BACKZEIT: 8–10 MINUTEN
FOTO AUF SEITE 117

CAROTTE BOTTE
1,60 €/pièce
3€ les 2!
FRANCE
CAT II
Petit - pois
4,50 €/kg
ITALIE
CAT II

Les Légumes

GEMÜSE-GERICHTE

Ratatouille

GEMÜSEPFANNE AUS DER PROVENCE

Sobald wir Tomaten aus dem Garten haben, gibt es Ratatouille als Hauptgericht oder als Beilage. Die Ratatouille ist die einfache Möglichkeit, viel Gemüse aromatisch zu servieren. Alles kommt in die gleiche Pfanne und man kann sowohl zum Fisch als auch zum Fleisch servieren. Wenn man wirklich keine Zeit hat, kommen einfach 2 Rühreier hinein und schon ist ein Abendessen bereitet.

FÜR DIE RATATOUILLE

- *1 kleine Paprika*
- *4 aromatische Tomaten*
- *1 Zucchini*
- *1 Aubergine*
- *2–3 Knoblauchzehen*
- *2 kleine Zwiebeln*
- *3 EL Olivenöl*
- *1 EL Thymianblättchen*
- *1 EL klein gehackte Rosmarinnadeln*
- *Salz und Pfeffer*

FÜR 4 PERSONEN
KOCHZEIT: 8–10 MINUTEN

Zum Ende der Zubereitung können Sie sehr gut noch Oregano oder ein bisschen Basilikum daruntermischen.

- Die Paprika mit einem Sparschäler schälen (wenn sie schön frisch und knackig ist, lässt sie sich gut schälen). Alle Gemüse in gleich große Stücke schneiden (2–3 cm breit). Die Knoblauchzehen zerdrücken. Die Zwiebeln in Scheiben schneiden.

- Das Olivenöl in einer Pfanne mit Knoblauch und Kräutern erhitzen. Dann Aubergine, Paprika und Zucchini kurz im Öl erhitzen, nicht braten – sonst wird das Olivenöl bitter! Nach 8–10 Minuten die Tomaten zugeben und mit Salz und Pfeffer abschmecken.

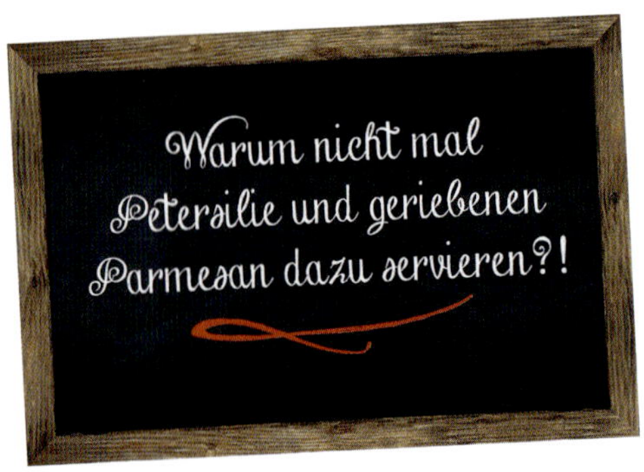

Gratin de chou-fleur à la Dubarry

BLUMENKOHLAUFLAUF À LA DUBARRY

Wenn man Gäste hat, klingt es immer spannend, Gerichte «à la Dubarry» zu servieren. Es wirkt direkt eleganter, auch wenn es nur um einen Blumenkohlauflauf geht. In Frankreich werden Speisen oft nach bekannten Persönlichkeiten benannt, wie «Boeuf Stroganoff», «Entrecôte Rossini» oder «Steak Chateaubriand».

FÜR DAS GEMÜSE

- *1 kleiner Blumenkohl*
- *1 kleiner Broccoli*
- *1 kleiner Romanesco*
- *70 g Emmentaler*

FÜR DIE BÉCHAMELSAUCE (SIEHE AUCH SEITE 135)

- *50 g Butter*
- *2 EL Mehl*
- *400 ml Milch*
- *1 Prise Muskatnuss*
- *Salz und Pfeffer*

FÜR 2 BIS 3 PERSONEN
BACKZEIT: 10 MINUTEN

In Deutschland habe ich dieses Gericht noch ein bisschen adaptiert, indem ich es nicht nur mit Blumenkohl, sondern mit aller Art Broccoli oder Romanesco zubereite. Es schmeckt wunderbar und ich glaube, Madame Dubarry wird es mir nicht übel nehmen.

- Die Gemüse im Ganzen 20 Minuten dampfgaren. Den Käse reiben.

- Für die Béchamelsauce die Butter in einem Topf schmelzen, dann mit einem Schneebesen das Mehl einrühren und anschwitzen. Peu à peu die Milch dazugeben und ständig rühren – man sollte immer warten, bis die Milch sich mit der Mehlschwitze vermischt hat, bevor weitere Milch zugegossen wird. Der Herd darf dabei nie zu heiß sein, sonst bleibt die Sauce am Topfboden kleben und brennt an. Also immer auf mittlerer Hitze arbeiten und fleißig rühren. (Wenn Sie die Milch zu schnell zur Mehlschwitze geben, kann die Sauce klumpig werden. Geben Sie sie dann einfach durch ein Sieb und rühren die restliche Milch langsam unter Rühren ein.)

> Die Béchamelsauce kann für alle Gemüseaufläufe benutzt werden. Außerdem nehme ich sie auch für Soufflés.

- Wenn die Sauce schön cremig ist, mit Muskatnuss, Salz und Pfeffer würzen. Das Gemüse grob schneiden und mischen, in eine Auflaufform geben und die Béchamelsauce darübergießen. Das Gericht noch mit Käse bestreuen und für 10 Minuten im vorgeheizten Backofen bei 200 °C auf der mittleren Schiene überbacken.

Artichaut barigoule

PROVENZALISCHE ARTISCHOCKEN

Mein Sohn und ich lieben Artischocken. Wir essen sie meist einfach dampfgekocht mit einer kleinen Vinaigrette oder wenn ich mehr Zeit habe, wie hier beschrieben «à la Barigoule». Das Rezept kommt aus der Provence, aber wir haben es nach unserem Geschmack mit vielen frischen Kräutern und einer leckeren Weißweinsauce verfeinert.

FÜR DIE ARTISCHOCKEN

- *4 kleine, violette Artischocken*
- *2 kleine Kartoffeln*
- *Saft von ½ Zitrone*
- *1 Möhre*
- *1 Zwiebel*
- *3 Frühlingszwiebeln*
- *100 g Schinkenspeck*
- *1 Bund Petersilie*
- *50 g Parmesan*
- *1 EL klein gehackte Rosmarinnadeln*
- *1 EL Thymianblättchen*
- *1 kleine Knoblauchzehe*
- *150 ml Weißwein (ich nehme z. B. fruchtigen Pouilly-Fumé oder weißen Bordeaux)*
- *Salz*
- *1 Messerspitze Piment d'Espelette*

FÜR 2 PERSONEN
KOCHZEIT: CA. 25 MINUTEN

Für meinen Sohn bereite ich diese Speise ohne Weißwein, dafür mit Gemüsebrühe zu und nehme ein bisschen mehr Zitronensaft und weniger Piment d'Espelette.

- Die Artischocken bereitet man vor, indem man die äußere Schicht Blätter entfernt und den oberen Teil der Artischocke abschneidet. Dann wird das obere Drittel der einzelnen Blätter abgeschnitten und der Stiel geschält und auf ca. 5 cm gekürzt. Nun wird der innere Teil mit einem Messer herausgeschnitten, weil er nur harte Blätter und Haare enthält.

- Die Artischocken mit den Kartoffeln 5 Minuten in Salzwasser kochen. Anschließend die Artischocken in ein kaltes Wasserbad mit 2 EL Zitronensaft legen, sie werden sonst schwarz. Die Kartoffeln in Scheiben schneiden und beiseitestellen.

- Möhre und Zwiebel schälen und wie die Frühlingszwiebeln ganz klein schneiden. Den Schinkenspeck würfeln, die Petersilie hacken und den Parmesan reiben. Zwiebel und Speck in einer Pfanne anbraten, dann Möhre, Kartoffelscheiben, Rosmarin, Thymian und den angequetschten Knoblauch zugeben. Das Ganze anschwitzen, mit Weißwein ablöschen und ca. 8 Minuten köcheln lassen. Mit Salz und Piment d'Espelette abschmecken.

- Die Pfanne vom Herd nehmen und Parmesan, Frühlingszwiebeln und die Petersilie einrühren. Die Kartoffelscheiben aus der Pfanne rausfischen und auf zwei Teller verteilen.

- Die Artischocken aus dem Zitronenwasser nehmen, abtrocknen, auf den Kartoffeln drapieren und mit der Hälfte der Speck-Mischung befüllen.
- Die restliche Speck-Mischung in der Pfanne stark erhitzen, um den Weißwein zu verkochen. Dann mit dem restlichen Zitronensaft abschmecken. Das Ganze um die Artischocken herum verteilen und servieren.

Wenn Sie die Artischocken als Vorspeise servieren, nur eine Artischocke pro Personen zubereiten und ohne Kartoffeln kochen.

Entremet d'asperges et jambon fumé

SPARGELMOUSSE MIT SCHINKEN

Ein Gericht, das eine schöne Vorspeise, aber auch ein Hauptgericht ergibt. In Frankreich wird Spargel nicht oft mit Sauce hollandaise gegessen, meist wird er als Terrine oder, wie hier, als Entremet zelebriert. Entremet bezeichnet eine kalte Speise auf Cremebasis, sie kann süß oder herzhaft sein.

FÜR DIE MOUSSE
- *150 g grüner Spargel*
- *1 TL Agar-Agar*
- *150 g Crème fraîche*
- *Salz und Pfeffer*
- *120 g Schinken in Scheiben*

FÜR DIE FRISCHKÄSE-CREME
- *½ Schalotte*
- *3 EL Schnittlauch*
- *120 g Ziegen-Frischkäse*
- *Salz und Pfeffer*

FÜR DEN BODEN
- *40 g Parmesan*
- *60 g Butter*
- *150 g Mehl, Type 405*
- *1 Eigelb*

Statt des Schinkens können Sie auch geräucherten Lachs nehmen.

- Für die Mousse den Spargel in größere Stücke schneiden und 5 Minuten in Salzwasser kochen. Den Spargel aus dem Wasser nehmen. Die Spargelspitzen beiseitelegen, den Rest pürieren.

- Das Püree in einem Topf mit Agar-Agar 3 Minuten lang unter Rühren kochen, vom Herd nehmen, mit der Crème fraîche verrühren und mit Salz und Pfeffer abschmecken. Die Masse in 4 Schälchen oder Gläser, Durchmesser 8 cm, aufteilen und im Kühlschrank 15 Minuten abkühlen lassen. Dabei wird die Masse so fest wie Quark.

- Für die Frischkäse-Creme die Schalotte und den Schnittlauch klein schneiden, mit dem Frischkäse mischen und mit Salz und Pfeffer abschmecken.

- Den Backofen auf 180 °C Ober- und Unterhitze (Umluft 160 °C) vorheizen. Für den Boden den Käse reiben, alle Zutaten mit den Händen zusammenkneten, 1 cm dick ausrollen und 4 Kreise ausstechen. Die Kreise auf ein mit Backpapier belegtes Blech legen und 10 Minuten auf der mittleren Schiene backen.

- Alle Zutaten für die Vinaigrette gut miteinander verrühren und abschmecken. Die abgekühlten Böden auf eine Unterlage stellen, die Dessertringe über die Teigböden stellen. Zunächst die Spargelmousse aus den Schälchen auf die Böden kippen, dann die Frischkäse-Creme daraufgeben. Wenn die Entremets gleich gegessen werden, entfernt man jetzt die Dessertringe, werden sie noch im Kühlschrank aufbewahrt, sollten die Ringe bleiben.

- Die Entremets vor dem Servieren mit Schinken umwickeln, mit den Spargelspitzen dekorieren und mit der Vinaigrette beträufeln. Werden sie als Hauptspeise serviert, reiche ich Salat und Baguette dazu, aber auch mal mit Kräutern, Petersilie und Schnittlauch verfeinerten Reis oder Weizen.

FÜR DIE VINAIGRETTE
- *1 EL Dijon-Senf*
- *4 EL Essig*
- *3 EL Olivenöl*
- *Salz und Pfeffer*

AUSSERDEM
- *Ausstecher, Dessertringe und Schälchen, 8 cm Durchmesser*

FÜR 4 PERSONEN
KÜHLZEIT: 20 MINUTEN
BACKZEIT: 10 MINUTEN
FOTO AUF SEITE 9

Flan de légumes

GEMÜSEPUDDING

Wenn Sie den Flan in kleinen Portionen zubereiten, müssen Sie die Backzeit auf 20–25 Minuten verkürzen.

Vegetarisches Essen gibt es in der französischen Küche nur selten. Dieser Flan de légumes ist eine Ausnahme. Der Gemüsepudding wird gerne als Beilage oder Vorspeise serviert. Ich mag diese Variante, weil sie schnell geht und das Gemüse schön knackig bleibt. Am liebsten nehme ich Zucchini und Tomate oder Frühlingsgemüse wie Spargel und Zuckerschote … alles Gemüse, die etwas Biss behalten. Ich serviere dazu gerne Tapenade (siehe Seite 12) oder die hier beschriebenen Bärlauch- und Tomatencremes.

FÜR DEN GEMÜSEPUDDING

- *2 kleine Möhren*
- *100 g Zucchini*
- *2 Tomaten*
- *50 g Zuckerschoten*
- *2 Eier, Größe M*
- *80 g Frischkäse*
- *50 ml Milch*
- *1 EL Thymianblättchen*
- *1 EL klein gehackte Rosmarinnadeln*
- *Salz und Pfeffer*

FÜR DIE BÄRLAUCHCREME

- *20 g Hartkäse (ich nehme Parmesan)*
- *10 Bärlauchblätter*
- *10 ml Olivenöl*
- *Salz und Pfeffer*

FÜR DIE TOMATENCREME

- *150 g Tomatenfleisch*
- *3 Blätter Basilikum*
- *5 ml Olivenöl*
- *Salz und Pfeffer*

Sie können dem Gemüsepudding auch mit Piment d'Espelette oder exotischen Gewürzen wie 4-Gewürze-Mischung oder Garam Masala eine besondere Note geben. Ebenso können Sie die Kräuter durch Bärlauch, Basilikum, Petersilie oder Salbei ersetzen.

- Die Möhren schälen, klein schneiden und 5 Minuten in Salzwasser kochen. Zucchini, Tomaten und Zuckerschoten klein schneiden.
- Den Backofen auf 170–175 °C Umluft (190 °C Ober- und Unterhitze) vorheizen. Das ganze Gemüse in einer Schüssel mit Eiern, Frischkäse und Milch zusammenrühren. Thymian und Rosmarin dazugeben und mit Salz und Pfeffer abrunden.
- Die Mischung in die eingefettete Backform (22–24 cm Durchmesser) gießen und für 30–35 Minuten auf der mittleren Schiene backen.
- Für die Bärlauchcreme den Käse reiben, dann alle Zutaten miteinander pürieren und mit Salz und Pfeffer abschmecken. Für die Tomatencreme alle Zutaten pürieren und ebenfalls abschmecken. Wir mögen den abgekühlten Flan mit Baguette oder Fougasse und den beiden Cremes gerne als Abendessen oder auch zum Picknick.

FÜR 4 PERSONEN **BACKZEIT: 30–35 MINUTEN**

Soupe au pistou

PROVENZALISCHE GEMÜSESUPPE MIT BASILIKUMCREME

Diese Gemüsesuppe kommt direkt aus der Provence und schmeckt am besten auf der sommerlichen Terrasse mit einem Glas kaltem Roséwein.

FÜR DIE SUPPE

- *200 g frische gelbe oder grüne Bohnen*
- *1 kleine Zucchini*
- *2 Möhren*
- *1 Zwiebel*
- *1 Kartoffel*
- *100 g getrocknete weiße Bohnen*
- *1 Nelke*
- *1 gestrichener EL Thymianblättchen*
- *Salz und Pfeffer*
- *100 g kleine Nudeln, z. B. Orecchiette*
- *2 mittelgroße Tomaten*

FÜR DIE KRÄUTERCREME

- *2 EL gehackte Tomate*
- *1 dicker Bund Basilikum*
- *2 Knoblauchzehen*
- *3 EL geriebener Parmesan*
- *1 EL Olivenöl*
- *Salz*

FÜR 4 PERSONEN
KOCHZEIT: 37 MINUTEN

Für die Suppe verwendet man alle Sommergemüse, aber die frischen Bohnen sind besonders wichtig. Am besten geeignet sind die gelben wegen ihres leicht süßen Geschmacks. Durch das viele Gemüse ist die Suppe sehr leicht, man wird aber trotzdem satt. Zur Suppe gehört Pistou, eine kleine pikante Creme aus Basilikum und Knoblauch.

- Die frischen Bohnen putzen und grob schneiden. Zucchini, Möhren, Zwiebel und Kartoffel schälen und klein schneiden. Alles mit den getrockneten Bohnen, Nelke und Thymian in einen Kochtopf geben, mit Wasser bedecken und 30 Minuten köcheln lassen. Mit Salz und Pfeffer abschmecken. Nach den 30 Minuten die Nudeln und die beiden klein geschnittenen Tomaten hineingeben und weitere 7 Minuten kochen.

- Für die Kräutercreme die Blätter vom Basilikum abzupfen. Tomate, Basilikumblättchen, Knoblauchzehen und Parmesan pürieren, am Ende Olivenöl und Salz zugeben. Das Pistou in einem Extragefäß servieren, sodass sich jeder nach Belieben nehmen kann.

Les Desserts

NACHTISCH

Fondant au chocolat

SCHOKOLADENKUCHEN MIT FLÜSSIGEM KERN

Die große Versuchung! Ich fand dieses Rezept als Schwangere und konnte nicht genug davon naschen!!! Alle meine Freunde sind immer dankbar, wenn es dieses Dessert bei uns gibt.

FÜR DIE KUCHEN

- *100 g Butter + etwas mehr zum Einfetten*
- *2 EL Kakao*
- *100 g Zartbitterschokolade*
- *2 Eier + 2 Eigelb, Größe M*
- *100 g Zucker*
- *100 g Mehl*

AUSSERDEM

- *8 Backformen, 6 cm Durchmesser*

FÜR 8 PERSONEN
BACKZEIT: 15 MINUTEN

- Die Formen mit Butter einfetten und gleichmäßig mit etwas Kakao bestreuen. Den Backofen auf 180 °C Umluft (!) vorheizen.

- Die Schokolade mit 100 g Butter in einem Topf über einem Wasserbad oder bei mittlerer Hitze in der Mikrowelle schmelzen und verrühren, bis eine gleichmäßige Creme entstanden ist. Kurz abkühlen lassen.

- Eier und Eigelb mit dem Zucker zu Schnee schlagen, bis die Masse weiß ist. Das Mehl hineingeben und weiter schlagen, bis alles gleichmäßig verrührt ist. Dann die Schokolade-Butter-Masse zufügen und verrühren.

- Den Teig in die Backformen gießen und für 15 Minuten in den Backofen schieben. Die Formen mit einem Teller umdrehen und die heißen Kuchen aus den Förmchen stürzen, gegebenenfalls vorsichtig mit einem Messer herauslösen. Die Kuchen warm mit Vanillesauce (siehe Seite 162) oder einer Kugel Vanilleeis und Obst servieren.

Crème brûlée & Sabayon

CRÈME BRÛLÉE & ZABAGLIONE

Für diese beiden Rezepte gibt es ein Grundprinzip: 1 Eigelb und 10 g Zucker pro Person. Bei der Crème brûlée kommen Milch und Sahne dazu, bei der Sabayon Muskatwein.

Crème brûlée

- Den Backofen auf 120 °C Umluft (!) vorheizen. Sahne und Milch mischen, mit den Lavendelblüten erhitzen, aber nicht kochen! Die Eigelbe mit 40 g Zucker mit dem Schneebesen verrühren, bis die Masse weiß ist. Die warme Lavendelsahne dazugeben, verrühren und in kleine Schälchen füllen. Für 45 Minuten auf der mittleren Schiene in den Backofen schieben.

- Die Crème brûlée mindestens 30 Minuten abkühlen lassen. Mit Zucker bestreuen und mit einem Flambier-Gerät karamellisieren. Mit etwas frischem Obst genießen. Statt mit Lavendel können Sie die Sahne auch mit Rosmarin oder Pistazien aromatisieren.

Sabayon

- Die Eigelbe mit Zucker und Vanillemark verrühren, bis die Masse weiß ist.

- Die Schüssel dann in ein Wasserbad stellen und langsam erhitzen, dabei die Eier-Zucker-Masse schlagen und peu à peu den Wein zugießen, bis die Creme schön fluffig und dick ist. Dann gleich servieren.

FÜR DIE CRÈME BRÛLÉE

- *200 g Sahne*
- *200 ml Milch*
- *1 TL Lavendelblüten*
- *4 Eigelb*
- *40 g + 30 g Zucker*
- *4 Schälchen mit 12 cm Durchmesser*

FÜR DIE SABAYON

- *4 Eigelb*
- *40 g Zucker*
- *Mark von ½ Vanilleschote*
- *150 ml weißer Muskatwein (siehe Tipp)*

FÜR JEWEILS 4 PERSONEN
BACKZEIT CREME BRÛLÉE: 45 MINUTEN
FOTO SABAYON SIEHE SEITE 151

Ich nehme als Muskatwein sehr gerne Monbazillac, Sauternes oder Jurançon, aber auch ein milder Sekt wie ein Clairette de Die passt gut.

Mousse au chocolat

SCHOKOLADENMOUSSE

Das ist unser Lieblingsnachtisch! Ich habe schon viele verschiedene Schokoladenarten probiert, aber wir kommen immer auf die Zartbittervariante zurück.

FÜR DIE ZARTBITTERMOUSSE

- *100 g Zartbitter-schokolade*
- *40 g Butter*
- *2 Eier*
- *30 g Zucker*

FÜR 2 BIS 3 PERSONEN
KÜHLZEIT: 1 STUNDE

Wenn die Mousse gerührt ist, kann man zusätzlich kleine Schokoladenstückchen oder gehackte, geröstete Nüsse hineingeben.

- Die Schokolade mit der Butter in einem Topf auf dem Wasserbad oder bei mittlerer Hitze in der Mikrowelle schmelzen. Die Eier trennen. Eiweiß zu Schnee schlagen, am Ende den Zucker zugeben und nochmals schlagen, damit er fest bleibt. Eigelb in die geschmolzene und leicht abgekühlte Schokolade geben.

- 1/3 des Eischnees nicht zu vorsichtig in die Schokolade einarbeiten, den Rest vorsichtig unterheben. Jetzt mindestens 1 Stunde kalt stellen. Sie können die Mousse 1 Tag im Kühlschrank aufbewahren.

Für weiße Mousse 150 bis 175 g Schokolade nehmen.

Profiteroles

GEFÜLLTE WINDBEUTEL

FÜR DEN WINDBEUTELTEIG
- *100 ml Milch*
- *100 ml Wasser*
- *80 g Butter*
- *1 Prise Salz*
- *3 EL Zucker*
- *100 g Mehl Type 405*
- *3 Eier + 1 Eigelb, Größe M*
- *2 EL Milch*

FÜR DIE SAUCE
- *150 g Zartbitterschokolade*
- *200 g Sahne*
- *Vanilleeis*

FÜR 4 PERSONEN
BACKZEIT: 35 MINUTEN
RUHEZEIT: 20 MINUTEN

Nach meinen Jahren in Deutschland liebe ich diese Windbeutel auch mit heißen Himbeeren statt Schokosauce!

- Milch, Wasser, Butter, Salz und Zucker zusammen in einem Kochtopf köcheln, bis die Butter geschmolzen ist.
- Dann das Mehl auf einmal dazugeben und mit einem Holzlöffel rühren, bis sich ein Teigkloß gebildet hat – der Teig ist ein bisschen wie Knete.
- Den Teig in eine Schüssel geben und mit einem elektrischen Rührgerät ein Ei nach dem anderen einrühren. Den Teig rühren, bis er eine schöne cremige Konsistenz bekommt.
- Den Backofen auf 190 °C Umluft (!) vorheizen. Das Eigelb mit Milch verquirlen. Mit 2 Esslöffeln 3–5 cm große Kugeln formen, auf ein mit Backpapier belegtes Blech legen und mit der Ei-Milch bepinseln. Für 35 Minuten backen. In dieser Zeit den Backofen NIE aufmachen. Die kleinen Windbeutel müssen trocknen und goldbraun werden.
- Nach der Backzeit einen Holzlöffel in die Backofentür klemmen und die Windbeutel noch 20 Minuten im ausgeschalteten Ofen trocknen lassen.
- Für die Schokoladensauce Schokolade und Sahne in einer Schüssel im Wasserbad schmelzen und verrühren. Die kalten Windbeutel halbieren, mit Vanilleeis füllen und mit etwas Schokoladensauce übergießen.

Für eine heiße Himbeersauce
300–400 g gefrorene Himbeeren in der Mikrowelle auftauen und kurz aufkochen. Die heißen Himbeeren auf die mit Eis gefüllten Windbeutel geben.

Poires au vin

BIRNE IN ROTWEIN MIT ROSMARINSAUCE

FÜR DIE BIRNEN

- *4 Williams- oder Kaiserbirnen*
- *1 l Rotwein (ich nehme einen Bordeaux)*
- *5 EL Zucker*
- *1–2 TL Lebkuchen- oder Spekulatius-Gewürz*

FÜR DIE ROSMARINSAUCE

- *250 ml Milch*
- *1 TL Rosmarinnadeln*
- *4 Eigelb*
- *50 g Zucker*

FÜR 4 PERSONEN
KOCHZEIT: 20 MINUTEN
FOTO AUF SEITE 6

- Die Birnen schälen, mit Rotwein bedecken und mit Zucker und den Gewürzen im geschlossenen Topf 20 Minuten köcheln lassen.

- Für die Rosmarinsauce die Milch 5 Minuten mit Rosmarin köcheln lassen. Währenddessen die Eigelbe mit dem Zucker schlagen, bis die Masse weiß wird.

- Die warme Rosmarinmilch durch ein Sieb passieren, in die Ei-Mischung geben und schön rühren. Die ganze Masse wieder in den Topf tun und bei schwacher Hitze schlagen, bis sie dickflüssiger wird.

- Jetzt die Rosmarinsauce auf Teller geben und die Birnen in die Mitte setzen.

Für die Kinder kann man die Birne in dunklem Traubensaft oder in Heidelbeersaft kochen.

Poires belle Hélène

BIRNE HELENE

Für die Kinder kann man die Birne in Apfelsaft oder hellem Traubensaft kochen.

- Die Birnen schälen, mit Sekt bedecken und mit dem Vanillemark 20 Minuten im geschlossenen Topf köcheln lassen.
- Den Backofen auf 200 °C Umluft (!) vorheizen. Mehl, Zucker und Butter zu kleinen Streuseln verarbeiten. Die Krümelmasse auf ein Backblech mit Backpapier geben und 10 Minuten auf der mittleren Schiene backen, bis sie goldbraun wird. Dann abkühlen lassen.
- Für die Sauce 150 g Schokolade mit der Sahne zusammen in einer Schüssel im Wasserbad schmelzen, cremig verrühren und abkühlen lassen.
- 30 g Schokolade in kleine Stückchen schneiden. Die gekochten Birnen aus dem Sekt fischen und das Kerngehäuse entfernen. Diesen Platz mit den Schokoladenstückchen und Streuseln füllen.
- Etwas Schokoladensauce auf einen Teller gießen, eine gefüllte Birne darauf platzieren und mit den restlichen Streuseln bestreuen.

FÜR DIE BIRNEN
- *4 Birnen*
- *0,7 l Clairette de Die (milder Sekt)*
- *1 Messerspitze Vanillemark*

FÜR DIE STREUSEL
- *100 g Mehl*
- *100 g Zucker*
- *50 g Butter*
- *30 g Bitterschokolade*

FÜR DIE SAUCE
- *150 g Bitterschokolade*
- *200 g Sahne*

FÜR 4 PERSONEN
KOCHZEIT: 20 MINUTEN
BACKZEIT: 10 MINUTEN
FOTO AUF SEITE 6

Iles flottantes

SCHWIMMENDE INSELN

Diesen Nachtisch gab es immer in der Schule und wir haben ihn geliebt! Im Restaurant bekommt dieses Dessert oft eine Karamell-Haube, aber zu Hause nehme ich Zuckerstreusel oder gebrannte Mandeln.

FÜR DIE VANILLECREME
- *2 Eigelb*
- *20 g Zucker*
- *1 Messerspitze Vanillemark*
- *120 ml Milch*

FÜR DIE EIWEISSINSELN
- *2 Eiweiß*
- *65 g Zucker*

FÜR DIE GEBRANNTEN MANDELN
- *35 g Mandeln*
- *75 g Zucker*

FÜR 2 PERSONEN
KOCHZEIT: CA. 15 MINUTEN

Die Vanillecreme kann auch für rote Grütze verwendet werden. Oder Sie aromatisieren sie mit Gewürzen oder Kräutern, zum Beispiel mit ½ TL Lavendelblüte, 1 TL Rosmarin, ½ TL Lebkuchengewürz oder ein wenig Tonkabohne.

- Die Eigelbe mit 20 g Zucker schlagen, bis die Masse weiß ist und der Zucker sich vollständig gelöst hat.

- Das Vanillemark in der Milch erhitzen und warm über die Eiermasse gießen. Das Ganze schön rühren und wieder in den Topf geben. Die Creme auf schwacher Hitze köcheln und ständig rühren, bis sie dicker wird und zur Rose abzieht: einen Holzlöffel eintauchen, dann die Creme darauf wegpusten – dabei sollen sich Wellen bilden.

- Die Eiweiße schlagen. Wenn sie beginnen Bläschen zu bilden, Zucker zugeben und diese Baisermasse sehr steif schlagen.

- Zum Kochen der Baisermasse gibt es zwei Möglichkeiten: Man kann die Masse in kleine Silikonformen füllen und für 30 Sekunden bei höchster Stufe in der Mikrowelle backen. Traditioneller ist es, mit 2 Löffeln Nocken aus der Masse zu formen und in kochendem Wasser oder kochender Milch schwimmend 30 Sekunden auf jeder Seite zu garen.

- Die Mandeln klein hacken. Den Zucker langsam in der Pfanne schmelzen, ohne zu rühren! So bildet sich ein schönes Karamell. Wenn es goldbraun ist, kommen die Mandeln für 1 Minute unter Rühren in die Pfanne.

- Die karamellisierten Mandeln auf Backpapier geben und abkühlen lassen. Mit einem zweiten Backpapier abdecken und mit einem Holzlöffel draufklopfen, um kleine Bruchstücke zu bekommen.
- Die Vanillecreme auf einen Teller geben, eine Eiweißnocke daraufsetzen und mit den Mandeln bestreuen.

Sie können die Creme bis zu 2 Tage im Kühlschrank aufbewahren. Bedecken Sie sie dafür mit Frischhaltefolie (direkt auf die Sauce auflegen!).

Tipps, Tricks & Infos

FRAGEN UND ANTWORTEN

Was ist eine Kasserole?

Auf Französisch «Casserole» – sehr ähnlich, oder? Die deutsche Sprache hat viele französische Namen in den Küchebereich übernommen. Ein Kasserole ist ein Kochtopf.

Ist eine Terrine eine Suppe?

NEIN, eine Terrine ist eine Pastete und wird aus Fleisch, Fisch oder Gemüse zubereitet. Die Zutaten werden meist klein gehackt oder püriert. Terrinen werden gekocht oder auch kalt zubereitet, aus der Form genommen und serviert.

Was ist ein Bouquet garni? Und wo wird es verwendet?

Es ist ein Sträußchen aus verschiedenen Kräutern. Die Kräuter werden zusammengebunden, sodass man sie einfach aus dem Gericht rausfischen kann. Ich stelle es meist aus Lorbeer, Rosmarin, Thymian, ein bisschen Porree und manchmal ein bisschen Salbei zusammen. Sie können auch noch Oregano oder Bohnenkraut verwenden.

Was ist Piment d'Espelette?

Piment d'Espelette ist kein Piment, sondern ein leicht fruchtiges Chilipulver. Es stammt aus der südfranzösischen Stadt Espelette. Man findet auch in deutschen Supermärkten und Feinkostläden.

Salzen: vor oder nach dem Braten?

Aus Erfahrung salze ich nach dem Braten, dafür gibt es zwei Gründe: Wenn das Fleisch vorher gesalzen wird, gibt es oft Wasser beim Braten ab. Und wenn man eine «Saucenspeise» wie Coq au vin oder Boeuf bourguignon, zubereitet, die auch Schinkenspeck enthalten, kann man erst am Ende der Garzeit wissen, wie viel Salz der Speck abgegeben hat.

In Butter braten, geht das denn?

Ich brate sehr gern mit Butter, weil es die beste Sauce ergibt. Damit die Butter nicht anbrennt, das Fleisch aber schön braun wird, muss man Geduld zeigen. Zuerst sollte die Butter bei hoher (aber nicht maximaler) Hitze schmelzen: sie wird zunächst weiß, dann schaumig und dann braun. An dieser Stelle riecht sie leicht süßlich wie beim Plätzchenbacken, denn die Molke aus der Butter karamellisiert und es entsteht dieses leicht süße Aroma. In diesem Moment kommt das Fleisch zum Braten hinein. Und es sollte jetzt erst mal Zeit haben, eine schöne braune Kruste zu bilden, also 3 bis 5 Minuten nicht wenden oder rühren (wie bei Bratkartoffeln). Später wird das Ganze mit ein bisschen Alkohol abgelöscht, um den Ansatz zu lösen und die Sauce herzustellen.

Knoblauch «anquetschen» oder durch die Presse drücken?

Es kommt darauf an, wie viel Knoblauchgeschmack man möchte und ob man den Knoblauch zum Schluss aus der Speise rausfischen mag. Eine Knoblauchzehe anquetschen heißt, sie mit einem Messer plattzudrücken. Die Zehe bleibt ganz und wird einfach nur leicht gequetscht. Sie kann mit Schale ins Gericht gegeben werden, nach dem Kochen oder Backen wird sie entfernt. Knoblauch zu «pressen» heißt, die Zehe durch eine Knoblauchpresse zu drücken und das Püree in die Speise zu geben.

Was mache ich, wenn die Sauce zu dünnflüssig ist?

Um eine Sauce schön cremig zu binden, gibt es verschiedene Methoden:

- die Sauce länger köcheln lassen, um Wasser zu verdampfen
- mit viel Butter arbeiten
- Fleisch oder Fisch vor dem Braten leicht in Mehl wälzen
- das Fleisch nach dem Braten mit 1 EL Mehl bestäuben
- oder ein bisschen von der Sauce nehmen, mit 1 EL Mehl verrühren, in die Sauce geben und verrühren

Was mache ich, wenn die Sauce zu dickflüssig ist?

Rühren Sie Wasser oder Brühe ein. Sie können auch Wein oder Butter dazugegeben, aber seien Sie damit sparsam, denn dadurch ändert sich der Geschmack der Sauce. Bei Hochprozentigem wie Armagnac oder Schnaps wird die Sauce eventuell eine bittere Note annehmen und zu alkohollastig sein.

Muss ich einen teuren Wein zum Kochen nehmen?

Sie müssen keinen teuren Wein zum Kochen nehmen. Ich bin der Meinung, dass Sie zum Kochen einen Wein verwenden sollten, den Sie auch gerne trinken. Ein Wein, der Ihnen im Glas nicht schmeckt, wird Ihnen beim Kochen auch nicht besser munden. Ab einem gewissen Niveau wird die Sauce nicht besser mit einem sehr teuren Wein.

Warum so viel Wein? Ist das notwendig?

Der Wein ist notwendig, um einer Sauce ein bestimmtes Aroma zu verleihen. Man kann eine gute Sauce nur mit Butter, Sahne oder Wein erzeugen. Man kann aber auch tricksen, indem man mit verschiedenen Brühen arbeitet oder mit Butter und Gewürzen verfeinert, um ein stärkeres Aroma zu erzeugen.

Warum muss man Eigelb mit Zucker schlagen, bis es weiß wird?

Weil der Zucker Zeit haben muss, um sich zu lösen. Außerdem nimmt das Eigelb beim Schlagen viel Luft auf und wird schön cremig.

Warum wird die Sauce grieselig, wenn ich Crème fraîche einrühre?

Wenn man eine Sauce mit Crème fraîche bindet, sollte man es immer am Ende der Kochzeit tun, d.h. bei schwacher Hitze. Denn wenn Crème fraîche kocht, wird sie flockig. Zum Binden eignet sich auch frische Sahne mit 30 % Fett. Die Sauce bleibt flüssig und flockt nicht.

KLEINES LEXIKON DER FACHBEGRIFFE

Ablöschen Wenn Fleisch in Butter schön braun gebraten ist, kleben Reste davon am Pfannenboden, die mit einem Schuss Flüssigkeit (ca. 3–4 EL) gelöst und mit einem Holzlöffel abgekratzt werden. So bekommen Sie das Maximum an Geschmack für die Sauce. Der französische Begriff ist «déglacer». Ich liebe es, mit einem etwas kräftigen und fruchtigen Alkohol abzulöschen und dann den Braten in Brühe oder Wein köcheln zu lassen. Auf diese Weise entsteht viel Aroma, ohne den unangenehmen Alkoholgeschmack.

Abschrecken gekochtes Gemüse abseihen (abgießen) und in kaltes Wasser tauchen. So bleibt die Farbe erhalten.

Binden eine Sauce oder Suppe andicken.

Blanchieren Gemüse kurz (3–5 Minuten) in Salzwasser kochen, dabei soll es knackig bleiben, also «al dente».

Brühe entsteht durch das Köcheln von Wasser mit Gemüse, Fisch, Fleisch, Kräutern und Gewürzen. Das Wasser wird so mit Aromastoffen angereichert. Die festen Bestandteile werden dann entfernt und die Brühe wird weiterverwendet, z. B. für Königspastete oder Boeuf bourguignon.

Eine Creme zur Rose abziehen Prüfung, ob das Andicken einer Sauce oder Creme gut gelungen ist. Dafür einen Holzlöffeln in die Sauce eintauchen und leicht auf die Creme auf dem Löffelrücken pusten. Es sollen sich Wellen bilden.

Fond ist eine Flüssigkeit, die beim Kochen von Fleisch, Fisch oder Gemüse entsteht, die lange mit Kräutern und Gewürzen geköchelt wurden. Die festen Bestandteile werden entfernt, die Flüssigkeit wird noch weiter geköchelt, um Wasser zu verdampfen und den Geschmack zu konzentrieren. Ein Fond enthält in der Regel kein Salz.

Singer Fleisch oder Fischstücken vor dem Braten in Mehl wälzen. Es hilft, eine Sauce zu binden.

Reduktion bezeichnet das Einkochen einer Sauce, um Wasser zu verdampfen und den Geschmack zu intensivieren.

Roux/Mehlschwitze Mehl wird in geschmolzene gebräunte Butter gerührt und erhitzt. Diese Masse wird in eine Sauce gerührt oder Milch oder Brühe werden zum Roux gegeben, um eine angedickte Sauce zu erhalten.

ÜBERSICHTSTABELLEN

Garzeiten für Braten

Wenn ich das Fleisch im Blätterteigmantel zubereite, gare ich alle Fleischarten bei 200 °C und 5 Minuten länger als hier angegeben. Danach lasse ich das Fleisch auch nur 5 Minuten im ausgeschalteten, geschlossen Backofen ruhen.

GARZEIT IN MIN.	BOEUF – RIND	VEAU – KALB	PORC – SCHWEIN
TEMPERATUR UMLUFT	190 – 200 °C	180 °C	200 °C
500 g	15	25	35
800 g	20	35	40
1 kg	25	40	50
1,3 kg	30	45	50
1,6	35	50	50
2 kg	45	50	75
RUHEZEIT IM AUSGESCHALTETEN OFEN	10	10	15

Für alle Braten gilt:

- Salzen Sie den Braten erst nach dem Braten
- Geben Sie mindestens 100 ml Flüssigkeit in die Bratform
- Begießen Sie den Braten regelmäßig

Bratzeiten für Steaks

	IN DER PFANNE IN ALUFOLIE GEWICKELT	IM BACKOFEN	KERNTEMPERATUR
DICKE DES STEAKS	3 CM	4–5 CM	
MINUTEN	BRATZEIT PRO SEITE/HITZE	BRATZEIT/HERDTEMP.	
blau (fast roh)	2 Min./sehr scharf braten	3 Min./170 – 175 °C	40 °C
blutig	3 Min./scharf braten	5 Min./170 – 175 °C	55 °C
medium	2 Min./scharf anbraten, 3–4 Minuten/sanfte Hitze	10 Min./175 °C	65 °C
durch	2 Min./scharf anbraten, 6–7 Min./sanfte Hitze	10 Min./175 °C	75 °C

Fleischmenge pro Person

SAUCENGERICHT/SCHMORTOPF	STEAK	BRATEN	HÜHNCHEN
110-120 g	180 g	150 g	170 g

Milchprodukte

crème fraîche	saure Sahne
crème liquide / épaisse	Kochsahne
crème fouettée / liquide	Schlagsahne
babeurre / petit-lait	Buttermilch
lait	Milch
beurre clarifié	Butterschmalz
crème aigre	Schmand

Zuckersorten

sucre en morceau	Würfelzucker
sucre semoule	Zucker
sucre en poudre	feiner Zucker
sucre glace	Puderzucker
sucre grêle	Hagelzucker
sucre roux	brauner Zucker/Rohzucker
sucre blond	heller Rohrzucker
cassonade	brauner Zucker
vergeoise	Karamellzucker

Mehlsorten

farine d'avoine	Hafermehl
farine de châtaigne	Kastanienmehl
farine de froment/blé	Weizenmehl
farine de gruau	Instantmehl
farine de seigle	Roggenmehl
farine d'épautre	Dinkelmehl
farine d'orge	Gerstenmehl
farine intégrale	Vollkornmehl

Mehle, Typenangabe und Verwendung

FRANZÖSISCH	DEUTSCH	VERWENDUNG
FARINE DE FROMENT/BLÉ	**WEIZENMEHL**	
farine de gruau	Instant Mehl	
	Type 405	Hefeteig, Feingebäck,
Sauce		
T45	Type 405	Kuchen, Gebäck, Sauce
T55	Type 550	Brot, Weißbrot, Mürbeteig
T65 ,T80	Type 812	Sauerteigbrot
farine semi-complète		
T110	Type 1050	Brot
farine complète		
T150	Type 1600	dunkles Brot
FARINE DE SEIGLE	**ROGGENMEHL**	
T70	Type 815	Mischbrot
T85	Type 997	Mischbrot
T130	Type 1150	Mischbrot
farine intégral		
T170	Type 1370–1740	dunkles Brot

Muschelarten und Verwendung

Das Rezept von Seite 130 «Muscheln in Weißwein» können Sie auch mit den folgenden Muschelarten kochen. Und natürlich können Sie noch viel mehr mit den Muscheln machen.

MUSCHEL	COQUILLAGE	BRATEN	KOCHEN	BACKEN	ROH
Miesmuschel	moule	✔	✔	✔	
Auster	huître			✔	✔
Herzmuschel	coque		✔		
Jakobsmuschel	Saint jacques	✔		✔	✔
Venusmuschel	praire		✔		
Kammmuschel	pétoncle	✔	✔	✔	✔
Messermuschel	couteau de mer	✔	✔	✔	

REZEPTVERZEICHNIS

nach Kapiteln

alphabetisch

DEUTSCH

FRANZÖSISCH

Impressum

ISBN 978-3-572-08193-6
4. Auflage 2020

Umschlaggestaltung: eisele grafik-design, Martina Eisele, München, unter Verwendung von bigstockphoto/canicula, lisovskaya, Ozerina Anna, Rustle, Selenka (Schmuckelemente) und Hagen Wolf, Leipzig (Portrait)
Innenlayout und Satz: Katharina Schweissguth, Visuelle Kommunikation, München
Fotos: Aurélie Bastian
Portraitaufnahmen Cover und Innenteil: Hagen Wolf, Leipzig
Alle Rahmen (S. 5ff.): fotolia/stockphoto
Bildredaktion: Sabine Kestler
Herstellung: Elke Cramer
Projektleitung: Anja Halveland

Reproduktion: Regg Media GmbH, München
Druck und Verarbeitung: Mohn Media Mohndruck GmbH, Gütersloh

FSC www.fsc.org MIX Papier aus verantwortungsvollen Quellen FSC® C011124

Printed in Germany

Penguin Random House Verlagsgruppe FSC® N001967

Die fabelhafte Welt der Aurélie

80 Seiten
ISBN 978-3-572-08146-2
Auch als E-Book erhältlich

Macarons, die kleinen Köstlichkeiten aus Frankreich, sind bunt, weich, cremig und lecker, in einem Wort: himmlisch!

80 Seiten
ISBN 978-3-572-08170-7
Auch als E-Book erhältlich

Ein dünner, knuspriger Boden und ein Traum von einer Füllung – diese Kuchen sind vielseitig und blitzschnell gemacht.

Für typisch französisches Gebäck muss man acht Stunden in der Küche stehen? Nicht mit dem neuen Backbuch von Aurélie Bastian! Sie erklärt, wie man mit wenig Aufwand und nur wenigen Zutaten authentische und köstliche Klassiker zaubert. Brioche, Croissant und Baguette werden ebenso leicht verständlich erklärt wie Kuchen, Torten und Kleingebäck. Außerdem gibt es ein Kapitel mit Tipps, Tricks und typischen Backproblemen. Fanzösisch backen war noch nie so einfach!

160 Seiten
ISBN 978-3-517-09533-2
Auch als E-Book erhältlich